Die schönsten Märchen
von Hans Christian Andersen

Die Schönsten Märchen

VON HANS CHRISTIAN ANDERSEN

Mit Bildern von
Anastassija Archipowa

Nacherzählt von
Arnica Esterl

esslinger

Mehr über unsere Bücher, Autor:innen und Illustrator:innen auf:
www.thienemann.de

Die schönsten Märchen von Hans Christian Andersen
mit Bildern von Anastassija Archipowa
ISBN 978-3-480-23837-8

Einbandtypografie: Laura Rosendorfer
Innentypografie: Tanja Haaf
Reproduktion: Schwabenrepro GmbH
Druck und Bindung: Livonia Print, Riga, Lettland

FSC www.fsc.org MIX Papier | Fördert gute Waldnutzung FSC® C002795

Bei Fragen zum Produkt: service@thienemann.de
3. Auflage

INHALT

DÄUMELINCHEN

Es war einmal eine Frau, die wünschte sich so sehr ein Kind, aber sie wusste nicht, woher sie es bekommen sollte.
Da ging sie zu einer alten Hexe und sagte: „Ich hätte so gern ein kleines Kind, kannst du mir nicht helfen?"
„O ja, ich weiß wohl Rat", antwortete die Hexe. „Hier hast du ein Gerstenkorn. Das ist aber kein Gerstenkorn, das beim Bauern auf dem Felde wächst oder das die Hühner zu fressen bekommen. Pflanze es in einen Blumentopf, so wirst du staunen!"
„Ich danke dir", sagte die Frau und gab der Hexe zwölf Silbertaler.
Dann ging sie nach Hause, pflanzte das Gerstenkorn und sogleich wuchs daraus eine herrliche große Blume. Die sah aus wie eine Tulpe, aber die

Blütenblätter waren fest verschlossen wie bei einer Knospe.
„Das ist eine schöne Blume“, sagte die Frau und küsste sie auf die roten und gelben Blätter, da öffnete sich die Blume mit einem Knall. Sie war eine richtige Tulpe, wie man sehen konnte, aber mitten in der Blume saß auf dem grünen Stempel ein niedliches, kleines Mädchen. Es war kaum einen Daumen groß, deswegen wurde es Däumelinchen genannt.
Däumelinchen bekam eine hübsch lackierte Walnussschale als Wiege, Veilchenblätter waren ihre Matratze und ein Rosenblatt ihre Decke. Da schlief sie bei Nacht, aber am Tage spielte sie auf dem Tisch. Die Frau hatte einen Teller hingestellt und ringsum mit einem Kranz von Blumen belegt, deren Stängel im Wasser standen. Darin schwamm ein großes Tulpenblatt, und auf dem Blatt konnte Däumelinchen sitzen und von der einen Seite des Tellers zur anderen fahren. Sie ruderte mit zwei weißen Pferdehaaren, das sah ganz reizend aus. Sie konnte auch singen, so zart und fein, wie man es noch nie gehört hatte.
Einmal, als sie nachts in ihrem schönen Bettchen lag, kam eine alte Kröte

durch eine zerbrochene Scheibe des Fensters hereingekrochen.
Die Kröte war hässlich und groß und nass und hüpfte auf den Tisch herunter, auf dem Däumelinchen unter dem Rosenblatt schlief.
„Das wäre eine hübsche Frau für meinen Sohn“, sagte die Kröte, nahm die Walnussschale, in der Däumelinchen schlief, und hüpfte mit ihr durchs Fenster in den Garten hinunter.
Dort floss ein breiter Bach, dessen Ufer sumpfig und schlammig war. Hier wohnte die Kröte mit ihrem Sohn. Hu! der war genauso hässlich und garstig wie seine Mutter.
„Koax, koax, bekkerekekex!“ Das war alles, was er sagen konnte, als er das niedliche Mädchen in der Walnussschale erblickte.
„Sprich nicht so laut, sonst wacht sie auf!“, sagte die alte Kröte. „Sie könnte noch fliehen, denn sie ist so leicht wie ein Schwanenflaum. Wir wollen sie auf ein breites Seerosenblatt in den Bach setzen, das ist für sie, die so leicht und klein ist, wie eine Insel. Dann kann sie nicht davonlaufen, während wir unten in dem Morast, wo ihr wohnen und hausen werdet, die gute Stube in Stand setzen.“
In dem Bach wuchsen viele Seerosen mit breiten grünen Blättern, die aussahen, als schwämmen sie oben auf dem Wasser. Das Blatt, das am weitesten draußen lag, war auch das größte. Dorthin schwamm die alte Kröte und setzte die Walnussschale mit Däumelinchen darauf.

Däumelinchen erwachte frühmorgens, und als sie sah, wo sie war, fing sie bitterlich an zu weinen. Denn das große grüne Blatt lag mitten im Wasser und sie konnte gar nicht an Land kommen. Die alte Kröte saß währenddessen unten im Morast und putzte ihre Stube mit Schilf und gelben Wasserrosen heraus, denn es sollte alles recht hübsch für die neue Schwiegertochter werden. Dann schwamm sie mit ihrem hässlichen Sohn zu dem Blatt, auf dem Däumelinchen stand. Sie wollten ihr hübsches Bettchen holen und in das Brautgemach stellen, bevor sie es selbst betrat.

Die alte Kröte verneigte sich tief im Wasser vor ihr und sagte: „Hier siehst du meinen Sohn. Er wird dein Mann sein und ihr werdet unten im Morast prächtig wohnen."

„Koax, koax, bekkerekekex!", war alles, was der Sohn sagen konnte.

Dann nahmen sie das niedliche, kleine Bett und schwammen damit fort. Däumelinchen aber saß ganz alleine auf dem grünen Blatt und weinte, denn sie mochte nicht bei der garstigen Kröte wohnen und ihren hässlichen Sohn zum Mann haben. Die kleinen Fische, die unten im Wasser schwammen, hatten die Kröte gesehen und sie hatten auch gehört, was sie gesagt hatte. Deshalb streckten sie die Köpfe hervor, denn sie wollten das kleine Mädchen auch sehen. Sie fanden es reizend und bedauerten sehr, dass es zur hässlichen Kröte hinunter sollte. Nein, das durfte nicht geschehen!

Die Fische versammelten sich unten im Wasser rings um den grünen Stängel, der das Blatt hielt, auf dem Däumelinchen stand, und nagten mit ihren Zähnen den Stiel ab.

Da schwamm das Blatt mit ihr den Bach abwärts, weit fort, wo die Kröte sie nicht erreichen konnte.

Däumelinchen segelte an vielen Orten vorbei, und die kleinen Vögel saßen in den Büschen und sangen: „Welch liebliches, kleines Mädchen!“

Das Blatt schwamm mit ihr immer weiter und weiter fort. So reiste

Däumelinchen durch die Lande. Ein kleiner, weißer Schmetterling flatterte neben ihr her und ließ sich zuletzt auf das Blatt nieder, denn Däumelinchen gefiel ihm. Die freute sich sehr, denn nun konnte die Kröte sie nicht erreichen, und es war so schön, wo sie fuhr. Die Sonne schien aufs Wasser, dass es glitzerte wie feinstes Silber.

Sie nahm ihren Gürtel und band das eine Ende um den Schmetterling, das andere Ende befestigte sie am Blatt. Nun glitt es viel schneller dahin und sie mit ihm, denn sie stand ja darauf. Auf einmal kam ein großer Maikäfer angeflogen. Als der sie erblickte, schlang er augenblicklich seine Klauen um ihren schlanken Leib und flog mit ihr auf einen Baum. Das grüne Blatt schwamm den Fluss hinab und der Schmetterling mit ihm, denn er war an dem Blatt festgebunden und konnte nicht selbst loskommen.

Wie war das arme Däumelinchen erschrocken, als der Maikäfer mit ihr auf den Baum flog! Aber ebenso betrübt war sie wegen des schönen, weißen Schmetterlings, den sie an das Blatt festgebunden hatte. Wenn er sich nicht befreien konnte, musste er ja verhungern!

Darum kümmerte sich der Maikäfer nicht. Er setzte sich mit ihr auf das größte Blatt des Baumes, gab ihr das Süße der Blumen zu essen und sagte, dass sie niedlich sei, obgleich sie gar nicht aussähe wie ein Maikäfer. Später kamen alle anderen Maikäfer und Maikäferinnen, die im Baum wohnten, zu Besuch. Sie betrachteten Däumelinchen, rümpften die Fühler und sagten: „Sie hat nicht mehr als zwei Beine; das sieht erbärmlich aus.“ – „Sie hat keine Fühler!“, sagte ein anderer.

„Sie ist so dünn in der Mitte, pfui! Sie sieht aus wie ein Mensch! Wie hässlich sie ist!", sagten alle Maikäferinnen.

Und doch war Däumelinchen so zierlich und hübsch. Das erkannte auch der Maikäfer, der sie geraubt hatte. Aber als alle anderen sagten, sie sei hässlich, glaubte er es zuletzt auch und wollte sie gar nicht haben. Sie könne gehen, wohin sie wolle, sagte er. Sie flogen mit ihr vom Baum hinunter und setzten sie auf ein Gänseblümchen. Da saß sie nun und weinte, weil sie so hässlich sei, dass die Maikäfer sie nicht haben wollten. Dabei war sie doch so lieblich und so zart wie das schönste Rosenblatt.

Den ganzen Sommer über lebte das arme Däumelinchen allein in dem großen Wald. Sie flocht sich ein Bett aus Grashalmen und hängte es unter einem Kleeblatt auf, damit sie vor dem Regen geschützt war. Sie aß das Süße der Blumen und trank den Tau, der jeden Morgen auf den Blättern lag. So vergingen Sommer und Herbst.

Aber nun kam der Winter, der kalte, lange Winter. Alle Vögel, die so schön für sie gesungen hatten, flogen davon, Bäume und Blumen verdorrten. Das große Kleeblatt, unter dem sie gewohnt hatte, vertrocknete und es blieb nichts als ein gelber, welker Stängel zurück. Däumelinchen fror erbärmlich, denn ihre Kleider waren zerrissen und sie selbst war so fein und klein.

Dann fing es an zu schneien, und jede Schneeflocke, die auf sie fiel, war, als wenn man auf uns eine ganze Schaufel voll wirft. Sie hüllte sich in ein verdorrtes Blatt ein, aber das riss entzwei und wärmte nicht. Sie zitterte vor Kälte.

Dicht vor dem Wald, wo sie nun lebte, lag ein großes Kornfeld. Das Korn war schon lange abgeschnitten, nur die nackten, trockenen Stoppeln standen aus der gefrorenen Erde hervor. Däumelinchen wanderte durch die Stoppeln wie durch einen Wald und gelangte endlich vor die Tür einer Feldmaus, die eine kleine Höhle unter dem Korn hatte.

Dort wohnte die Feldmaus warm und gemütlich, hatte die ganze Stube voll Körner, eine schöne Küche und eine Speisekammer.

Das arme Däumelinchen stellte sich an die Tür wie ein Bettelmädchen und bat um ein kleines Stück von einem Gerstenkorn, denn sie hatte seit zwei Tagen nicht das Geringste zu essen gehabt.

„Du armes Ding!“, sagte die Feldmaus, denn sie war eine gute, alte Feldmaus. „Komm herein in meine warme Stube und iss mit mir!“
Däumelinchen gefiel ihr, deshalb sagte sie: „Du kannst meinetwegen den Winter über bei mir bleiben, aber dann musst du meine Stube sauber halten und mir Geschichten erzählen, denn die liebe ich sehr.“
Däumelinchen tat, was die freundliche, alte Feldmaus verlangte und hatte es dafür außerordentlich gut bei ihr.
„Nun bekommen wir bald Besuch“, sagte die Feldmaus. „Mein Nachbar pflegt mich einmal in der Woche zu besuchen. Er ist noch besser gestellt als ich, hat große Säle und trägt einen schönen, schwarzen Samtpelz. Wenn du den zum Manne bekommen könntest, wärst du gut versorgt. Aber er

kann nicht sehen. Du musst ihm die schönsten Geschichten erzählen, die du weißt!“

Aber daraus machte sich Däumelinchen nichts, sie mochte den Nachbarn gar nicht, denn er war ein Maulwurf. Er kam und stattete ihnen in seinem schwarzen Samtpelz Besuch ab und die Feldmaus sagte, er sei reich und gelehrt, seine Wohnung sei auch zwanzig Mal größer als ihre eigene. Er war wirklich gelehrt, aber die Sonne und die schönen Blumen mochte er nicht leiden, von denen sprach er schlecht, weil er sie nie gesehen hatte.

Däumelinchen musste singen und sie sang „Maikäfer flieg!“ und „Ein Männlein steht im Walde“. Da verliebte sich der Maulwurf in ihre schöne Stimme, aber er sagte nichts, er war ein besonnener Mann.

Er hatte sich vor kurzem einen langen Gang durch die Erde gegraben von seinem bis zu ihrem Haus. Die Feldmaus und Däumelinchen erhielten die Erlaubnis, darin spazieren zu gehen, so oft sie nur wollten. Aber er bat sie, sich nicht vor dem toten Vogel zu fürchten, der in dem Gang lag.

Es war ein Vogel, unverletzt mit Federn und Schnabel, der sicher erst kürzlich gestorben war und nun gerade dort begraben lag, wo er seinen Gang gegraben hatte.

Der Maulwurf nahm nun ein Stück faules Holz, denn das schimmert wie Feuer im Dunklen, ging voran und leuchtete ihnen in dem langen, dunklen Gang.

Als sie zu der Stelle kamen, wo der tote Vogel lag, stemmte der Maulwurf seine breite Nase gegen

die Decke und stieß die Erde auf, so dass ein großes Loch entstand und das Licht hinunterscheinen konnte.
Auf dem Boden lag eine tote Schwalbe, die schönen Flügel fest an die Seite gedrückt, die Füße und den Kopf unter die Federn gezogen. Der arme Vogel war offenbar vor Kälte gestorben.
Er tat Däumelinchen Leid, sie liebte alle Vögel, denn die hatten den ganzen Sommer so schön für sie gesungen und gezwitschert. Aber der Maulwurf stieß ihn mit seinen krummen Beinen an und sagte: „Nun pfeift er nicht mehr! Es muss doch erbärmlich sein, als kleiner Vogel geboren zu werden! Ein Glück, dass keinem meiner Kinder das passieren kann. Ein solcher Vogel hat ja nichts außer seinem Kiwitt und muss im Winter verhungern!“
„Ja, das könnt ihr als vernünftiger Mann wohl sagen“, erwiderte die Feldmaus. „Was hat der Vogel von all seinem Kiwitt, wenn der Winter

kommt? Er muss hungern und frieren. Doch das soll wohl besonders vornehm sein!“

Däumelinchen sagte gar nichts, aber als die beiden anderen dem Vogel den Rücken zuwandten, neigte sie sich hinab, schob die Federn zur Seite, die den Kopf bedeckten und küsste ihn auf die geschlossenen Augen.

„Vielleicht war er es, der so hübsch für mich im Sommer gesungen hat“, dachte sie. „Wie viel Freude hat er mir gemacht, der liebe, schöne Vogel.“

Der Maulwurf stopfte nun das Loch zu, durch das der Tag hereinschien, und begleitete dann die Damen nach Hause.

Aber in der Nacht konnte Däumelinchen nicht schlafen. Sie stand von ihrem Bett auf und flocht aus Heu eine große, schöne Decke. Die trug sie hin, breitete sie über dem Vogel aus und legte Staubfäden von Blumen, die weich wie Baumwolle waren und die sie in der Stube der Feldmaus gefunden hatte, an seine

Seiten, damit er in der kalten Erde warm liegen möge.

„Leb wohl, du schöner, kleiner Vogel!“, sagte sie. „Leb wohl und hab Dank für deinen herrlichen Gesang im Sommer, als alle Bäume grün waren und die Sonne warm auf uns herabschien!“

Dann legte sie ihr Haupt an des Vogels Brust, erschrak aber im selben Augenblick, denn es war gerade, als ob da drinnen etwas pochte. Das war das Herz des Vogels. Der Vogel war nicht tot, er lag nur betäubt da, war nun erwärmt worden und bekam wieder Leben.

Im Herbst fliegen alle Schwalben fort nach den warmen Ländern. Ist aber eine dabei, die sich verspätet, dann friert sie so, dass sie wie tot herabstürzt und liegen bleibt, wo sie hinfällt. Und der kalte Schnee deckt sie zu.

Däumelinchen zitterte, so sehr war sie erschrocken, denn der Vogel war ja groß, sehr groß gegen sie. Aber dann fasste sie Mut, legte die Baumwolle dichter um die arme Schwalbe und holte ein Krauseminzenblatt, das sie selbst als Deckbett gehabt hatte, und legte es auf den Kopf des Vogels. In der nächsten Nacht schlich sie wieder zu ihm, und da war er lebendig, aber so matt, dass er nur einen kurzen Augenblick seine Augen öffnen und Däumelinchen anschauen konnte, die mit einem Stück faulen Holzes in der Hand vor ihm stand, denn eine andere Laterne hatte sie nicht.

„Ich danke dir, du niedliches, kleines Kind!“, sagte die kranke Schwalbe zu ihr. „Ich bin so herrlich warm geworden! Bald bekomme ich meine Kräfte wieder und kann dann hinausfliegen in den warmen Sonnenschein.“

„Oh“, sagte Däumelinchen, „es ist aber kalt draußen, es schneit und friert! Bleib in deinem warmen Bett, ich werde dich schon pflegen!“

Dann brachte sie der Schwalbe Wasser in einem Blumenblatt und diese trank und erzählte ihr, wie sie den einen Flügel an einem Dornbusch wund gerissen und deshalb nicht so schnell

habe fliegen können wie die anderen Schwalben, die fortgezogen waren, weit fort nach den warmen Ländern. Sie sei zuletzt zur Erde gefallen. Mehr wusste sie nicht, auch nicht, wie sie hierher gekommen war.

Den ganzen Winter blieb sie da unten und Däumelinchen hegte und pflegte sie liebevoll. Weder der Maulwurf noch die Feldmaus erfuhren etwas davon, denn die mochten die arme Schwalbe ja nicht leiden.

Sobald der Frühling kam und die Sonne die Erde erwärmte, sagte die Schwalbe Däumelinchen Lebewohl, und sie öffnete das Loch, das der Maulwurf oben gemacht hatte.

Die Sonne schien hell zu ihnen herein, und die Schwalbe fragte, ob sie mitkommen wolle, sie könne auf ihrem Rücken sitzen, sie wollten weit hinausfliegen in den grünen Wald.

Aber Däumelinchen wusste, dass es die alte Feldmaus betrüben würde, wenn sie sie einfach verließ.

„Nein, ich kann nicht!“, sagte Däumelinchen.

„Leb wohl, leb wohl, du gutes, niedliches Mädchen!", sagte die Schwalbe und flog in den Sonnenschein hinaus.
Däumelinchen sah ihr nach, und ihre Augen füllten sich mit Tränen, denn sie war der Schwalbe von Herzen gut.
„Kiwitt, Kiwitt!", zwitscherte der Vogel und flog in den grünen Wald. Däumelinchen war traurig. Sie durfte gar nie in den warmen Sonnenschein hinausgehen. Das Korn, das auf dem Feld über dem Haus der Feldmaus gesät war, wuchs in die Höhe und war ein dichter Wald für das arme, kleine Mädchen, das kaum einen Daumen groß war.
„Der Nachbar hat um dich angehalten, Däumelinchen", sagte die Feldmaus zu ihr. „Welch großes Glück für ein armes Kind! Nun sollst du im Sommer deine Aussteuer nähen. Du sollst Wollzeug und Leinwand haben, denn es darf dir an

nichts fehlen, wenn du die Frau des Maulwurfs wirst!"

Däumelinchen musste die Spindel drehen, und die Feldmaus heuerte vier Spinnen an, die Tag und Nacht für sie webten. Jeden Abend besuchte sie der Maulwurf und redete dann immer davon, dass, wenn der Sommer zu Ende ginge, die Sonne nicht mehr so warm scheinen würde, sie brenne ja jetzt die Erde so fest wie einen Stein. Wenn der Sommer vorbei sei, dann wolle er mit Däumelinchen Hochzeit feiern. Aber das kleine Mädchen freute sich gar nicht darauf, denn sie konnte den faden Maulwurf nicht leiden. Jeden Morgen, wenn die Sonne aufging, und jeden Abend, wenn sie unterging, stahl sie sich zur Tür hinaus, und wenn dann der Wind die Kornähren trennte, so dass sie den blauen Himmel sehen konnte, dachte sie daran, wie hell und schön es hier draußen war, und wünschte sehnsüchtig, die liebe Schwalbe wieder zu sehen. Aber die kam nicht zurück, sie war gewiss tief in den schönen grünen Wald hineingeflogen. Als es Herbst wurde, hatte Däumelinchen ihre ganze Aussteuer fertig.

„In vier Wochen sollst du Hochzeit halten", sagte die Feldmaus. Aber Däumelinchen weinte und sagte, sie wolle den langweiligen Maulwurf nicht haben.

„Schnickschnack", sagte die Feldmaus. „Sei nicht widerspenstig, sonst

beiße ich dich mit meinen spitzen Zähnen! Du bekommst einen schönen Mann. So einen schwarzen Samtpelz wie er hat selbst die Königin nicht! Er hat Küche und Keller voll. Sei dankbar dafür!“

Und dann sollte die Hochzeit sein, der Maulwurf war schon gekommen, um Däumelinchen zu holen. Tief unten in der Erde sollte sie mit ihm wohnen und nie mehr in die warme Sonne hinauskommen,

denn die konnte er nicht leiden. Däumelinchen war sehr betrübt, denn nun sollte sie von der schönen Sonne Abschied nehmen, die sie doch bei der Feldmaus ab und zu von der Türe aus hatte sehen dürfen.

„Leb wohl, du helle Sonne!“, sagte sie, streckte die Arme nach ihr aus und ging auch ein paar Schritte vor das Haus der Feldmaus, denn das Korn war schon geerntet und es standen nur die dürren Stoppeln auf dem Acker.

„Leb wohl, leb wohl“, sagte sie und schlang ihre Arme um eine kleine rote Blume. „Grüß die Schwalbe von mir, wenn du sie sehen solltest!“

„Kiwitt, Kiwitt!“, zwitscherte es plötzlich über ihrem Kopf. Sie sah auf und da war die Schwalbe, die gerade vorbeiflog.

Als sie Däumelinchen erblickte, wurde sie ganz vergnügt.

Däumelinchen erzählte ihr, wie ungern sie den hässlichen Maulwurf zum Manne haben wolle und dass sie dann tief unten in der Erde wohnen solle, wo die Sonne niemals scheine. Dann begann sie zu weinen.

„Es wird bald Winter“, sagte die Schwalbe. „Ich fliege weit fort in den warmen Süden. Willst du mit mir kommen? Du kannst auf meinem Rücken sitzen, dann fliegen wir dem hässlichen Maulwurf und seiner dunklen Stube davon, weit fort über die Berge nach den warmen Ländern, wo die Sonne schöner scheint als hier, wo immer Sommer ist und immer herrliche Blumen blühen. Flieg nur mit mir, liebes, kleines Däumelinchen, die du mein Leben gerettet hast, als ich erstarrt in dem dunklen Erdkeller lag!“

„Ja, ich komme mit!“, sagte Däumelinchen. Sie setzte sich auf den Rücken des Vogels und stellte die Füße auf seine ausgebreiteten Flügel. Sie band ihren Gürtel an seiner stärksten Feder fest und schon flog die Schwalbe hoch in die Luft über Wald und Meer und über die großen Berge, wo immer Schnee liegt.

Däumelinchen fror in der kalten Luft, aber dann kroch sie unter die warmen Federn des Vogels und streckte nur den kleinen Kopf heraus, um all das Schöne unter sich zu bewundern.

So erreichten sie die warmen Länder. Dort schien die Sonne viel heller als daheim, der Himmel war zweimal so hoch und an Zäunen und Hecken wuchsen die schönsten grünen und blauen Weintrauben. In den Wäldern hingen Zitronen und Apfelsinen, es duftete nach Myrten und Krauseminze und auf den Landstraßen spielten Kinder mit großen, bunten Schmetterlingen. Aber die Schwalbe flog immer weiter und es wurde schöner und schöner. Schließlich erreichten sie das blaue Meer. Am Ufer stand unter herrlichen grünen Bäumen ein schneeweißes Marmorschloss aus alten Zeiten. Weinreben rankten sich um die hohen Säulen und ganz oben waren viele Schwalbennester. In einem dieser Nester wohnte die Schwalbe, die Däumelinchen trug.

„Hier ist mein Haus“, sagte die Schwalbe. „Aber ich bin nicht so eingerichtet, dass du bei mir wohnen magst. Du kannst dir eine der prächtigen Blumen, die da unten wachsen, als Wohnung aussuchen, dann will ich dich hineinsetzen, und du sollst

es so gut und schön haben, wie du es dir nur wünschen kannst!"
„Das ist wundervoll!", sagte Däumelinchen und klatschte in die kleinen Hände.
Unten lag eine große, weiße Marmorsäule, die umgefallen und in drei Stücke zerbrochen war. Dazwischen wuchsen die schönsten großen, weißen Blumen. Die Schwalbe flog mit Däumelinchen hinunter und setzte sie auf eins der breiten Blätter. Aber wie staunte Däumelinchen!

Mitten in der Blume saß ein kleiner Mann, so weiß und durchsichtig, als sei er von Glas. Er trug eine Goldkrone auf dem Kopfe und an den Schultern duftige Flügel, und er war nicht größer als Däumelinchen.
Das war der Blumenelf. In jeder Blume wohnte solch ein kleiner

Mann oder eine kleine Frau, aber dieser war ihr König.
„Wie schön er ist!“, flüsterte Däumelinchen der Schwalbe zu.
Der kleine König erschrak, als er die Schwalbe sah, denn sie war gegen ihn, der so klein und fein war, ein Riesenvogel.
Aber als er Däumelinchen erblickte, freute er sich, denn sie war das schönste Mädchen, das er je gesehen hatte. Er nahm seine goldene Krone ab und setzte sie ihr auf, fragte, wie sie heiße und ob sie seine Frau werden wolle. Dann würde sie Königin über alle Blumen werden!
Ja, das war freilich ein anderer Mann als der Sohn der Kröte oder der Maulwurf mit dem schwarzen Samtpelz. Däumelinchen sagte deshalb gerne Ja und aus allen Blumen kamen Blumenelfen hervor, so zierlich, dass es eine Lust war, sie anzusehen.
Jeder brachte Däumelinchen ein Geschenk mit, aber das schönste Geschenk waren doch zwei schöne Flügel von einer großen, weißen Fliege. Die wurden an Däumelinchens Rücken befestigt und nun konnte auch sie von Blume zu Blume fliegen.

Alle freuten sich und die Schwalbe saß oben in ihrem Nest und sang ihr schönstes Lied. In ihrem Herzen aber war sie doch traurig, denn sie hatte Däumelinchen gern und hätte sich am liebsten nie von ihr getrennt.
„Du sollst nicht länger Däumelinchen heißen!", sagte der Blumenelf zu ihr. „Das ist ein hässlicher Name und du bist so schön. Wir wollen dich Maja nennen."

„Leb wohl, leb wohl!", zwitscherte die kleine Schwalbe, als sie mit schwerem Herzen Abschied nahm und wieder aus den warmen Ländern zurück nach Dänemark flog.
Dort hatte sie ein kleines Nest über dem Fenster, wo der Mann wohnt, der Märchen erzählen kann. Dem hat sie ihr „Kiwitt, Kiwitt!" vorgesungen und daher wissen wir die ganze Geschichte.

DIE KLEINE SEEJUNGFRAU

Weit draußen im Meer ist das Wasser so blau wie Kornblumen und so klar wie das reinste Glas, aber auch so tief, dass viele Kirchtürme aufeinander gestellt werden müssten, um von dem Grund bis über das Wasser zu reichen. Dort unten wachsen die sonderbarsten Bäume und Pflanzen, die so geschmeidige Stängel und Blätter haben, dass sie sich bei der geringsten Bewegung des Wassers rühren. Alle Fische, kleine und große, huschen zwischen den Zweigen umher wie bei uns die Vögel in der Luft.

An der tiefsten Stelle liegt das Schloss des Meerkönigs. Die Mauern sind aus Korallen und die langen spitzen Fenster von klarstem Bernstein.

Der Meerkönig da unten war seit vielen Jahren Witwer, aber seine alte Mutter stand seinem Haushalt vor. Sie war eine kluge Frau und liebte ihre Enkelinnen, die Meerprinzessinnen, über alles. Es waren sechs schöne Kinder, aber die Jüngste war die Schönste von allen, ihre Haut so zart wie ein Rosenblatt, ihre Augen so blau wie die tiefste See, aber ebenso wie die anderen hatte sie keine Füße. Der Körper endete in einem Fischschwanz.

Den ganzen langen Tag konnten die sechs Schwestern im Schloss spielen, wo lebende Blumen aus den

Wänden herauswuchsen und wo die Fische durch die geöffneten Fenster hereinschwammen und sich von den Prinzessinnen füttern und streicheln ließen. Draußen vor dem Schloss war ein Garten mit feuerroten und dunkelblauen Blumen.

Über dem Garten lag ein blauer Schimmer und bei Windstille konnte man durch das Wasser die Sonne sehen. Sie sah aus wie eine Purpurblüte, aus deren Kelch alles Licht ausströmte. Jede von den Prinzessinnen hatte ihren kleinen Platz im

Garten, wo sie graben und pflanzen konnte wie es ihr gefiel. Die Jüngste machte ihren Fleck ganz rund wie die Sonne und hatte nur Blumen, die rot wie diese schienen. Sie war ein wunderliches Kind, still und nachdenklich und außer den rosenroten Blumen hatte sie nur eine weiße Marmorstatue aufgestellt, die bei der Strandung eines Schiffes auf den Meeresgrund geraten war. Die Statue war ein wunderschöner

Knabe und daneben pflanzte sie eine rosenrote Trauerweide, die mit ihren frischen Zweigen bis zu dem blauen Sandboden herunter hing.

Es gab für sie keine größere Freude, als von der Menschenwelt zu hören. Die Großmutter musste alles erzählen, was sie von Schiffen und Städten, Menschen und Tieren wusste.

Es erschien ihr wunderlich schön, dass die Blumen oben auf der Erde dufteten – das taten sie auf dem Meeresgrunde nicht – und dass die Wälder grün waren und dass die Fische, die man dort zwischen den Zweigen sah, laut und schön singen konnten.

„Wenn ihr euer fünfzehntes Jahr vollendet habt“, sagte die Großmutter, „dürft ihr aus dem Meer auftauchen, im Mondschein auf den Klippen sitzen und die großen Schiffe sehen, die Wälder und die Städte!“

Im nächsten Jahr sollte die erste der Schwestern fünfzehn Jahre alt werden. Es war aber eine immer ein Jahr jünger als die andere und so hatte die Jüngste noch ganze fünf Jahre zu warten, bis sie aus dem Meeresgrunde emporsteigen durfte.

Und gerade sie sehnte sich so sehr danach, sie, die so still und gedankenvoll war. Manche Nacht stand sie am offenen Fenster und sah

durch das dunkelblaue Wasser hinauf. Mond und Sterne konnte sie sehen und glitt dann eine schwarze Wolke unter ihnen hin, dann wusste sie, dass es entweder ein Walfisch oder ein Schiff mit vielen Menschen war. Jetzt war die älteste Prinzessin fünfzehn Jahre alt und durfte hinaufsteigen. Als sie zurückkam, hatte sie Hunderterlei zu erzählen. Aber das Schönste sei, im Mondschein auf einer Sandbank zu liegen und die Küste mit der großen Stadt, mit ihren Lichtern und ihren Kirchtürmen zu sehen und das Geräusch von Menschen und läutenden

Glocken zu hören. Im Jahr darauf tauchte die zweite Schwester auf, als die Sonne gerade unterging und dieser Augenblick, fand sie, war der allerschönste, denn der ganze Himmel habe wie Gold ausgesehen. Ein Jahr später schwamm die dritte Schwester einen breiten Fluss hinauf. Liebliche, grüne Hügel mit Weinranken sah sie, Schlösser und Herrensitze. In einer kleinen Bucht traf sie eine ganze Schar Menschenkinder, die im Wasser plätscherten und schwammen, obwohl sie keinen Fischschwanz hatten. Die vierte Schwester blieb draußen auf dem wilden Meer, wo

die possierlichen Delfine Purzelbäume schlugen und die Walfische Wasser aus ihren Nasenlöchern spritzten. Als die fünfte Schwester an die Reihe kam, war gerade Winter und die See sah ganz grün aus. Ringsumher schwammen große Eisberge, auf dem einen saß sie und ließ den Wind mit ihrem langen Haar spielen.

Alle erzählten von dem Neuen und Schönen, was sie erblickten, aber weil sie nun Erlaubnis hatten, hinaufzusteigen, wann sie wollten, wurde es ihnen gleichgültig. Am schönsten sei es doch unten bei ihnen zu Hause.

Nur die Jüngste sehnte sich noch nach der Menschenwelt und lauschte ihren Erzählungen und wenn die Schwestern am Abend Arm in Arm hinaufstiegen, sah sie ihnen nach und es war ihr, als müsste sie weinen. Aber eine Seejungfrau hat keine Tränen und darum leidet sie weit mehr. Und endlich war sie fünfzehn Jahre alt. „Komm her!“, sagte die Großmutter: „Lass mich dich schmücken wie deine Schwestern.“

Sie setzte ihr einen Kranz von weißen Lilien auf das Haar, darin war jedes Blütenblatt die Hälfte einer Perle. Und die Alte ließ acht große Aus-

tern sich im Schwanz der Prinzessin festklemmen, um ihren hohen Rang zu zeigen.
„Das tut so weh!“, sagte die kleine Seejungfrau. – „Ja, Hoffart muss Pein leiden!“, sagte die Alte.
Die Sonne war eben untergegangen, als sie den Kopf über das Wasser erhob, die Wolken schimmerten noch wie Rosen und Gold und in der blassroten Luft strahlte der Abendstern. Das Meer war ganz still. Da lag ein großes Schiff und auf dem Schiff war Musik und Tanz und als der Abend dunkler ward, wurden Hunderte von bunten Laternen angezündet. Die kleine Seejungfrau schwamm dicht an das Kajütenfenster heran und jedes Mal, wenn das Wasser sie in die Höhe hob, konnte sie hineinsehen, wo viele geputzte Menschen standen. Aber der Schönste war doch der junge Prinz mit den großen, schwarzen Augen.

Er war sicher nicht viel über sechzehn Jahre alt, es war sein Geburtstag, darum herrschte all die Pracht. Als der junge Prinz auf das Deck hinaustrat, stiegen über hundert Raketen in die Luft auf und leuchteten wie der helle Tag. Die kleine Seejungfrau tauchte erschrocken unter, aber sie streckte bald den Kopf wieder hervor. Wie schön doch der junge Prinz war, wie er lächelte und den Leuten die Hand drückte!

Es wurde spät, aber die kleine Seejungfrau konnte ihre Augen nicht von dem Schiff abwenden und von dem schönen Prinzen. Dann wurden die Laternen ausgelöscht und das Schiff bekam mehr Fahrt, die Wellen gingen stärker, große Wolken zogen auf, es blitzte in weiter Ferne. Wird das ein böses Wetter werden!

Das große Schiff schaukelte in fliegender Fahrt auf der wilden See, tauchte wie ein Schwan zwischen den hohen Wogen nieder und ließ sich wieder auf die hochgetürmten Wasser heben. Der kleinen Seejungfrau deuchte das eine lustige Fahrt, aber das fanden die Seeleute gar nicht. Das Schiff knackte und krachte, der Mast brach mitten durch und das Schiff schlingerte auf die Seite, während das Wasser in den Raum eindrang. Jetzt sah die kleine Seejungfrau, dass sie in Gefahr waren und ihre Augen suchten nach dem jungen Prinzen. Sie sah ihn, als das Schiff zerbarst, in die tiefe See versinken.

Im ersten Augenblicke freute sie sich, denn nun kam er zu ihr herunter, aber dann fiel es ihr ein, dass die Menschen nicht im Wasser leben können. Nein, sterben durfte er nicht, darum schwamm sie zwischen die

Balken und Planken, tauchte tief unter das Wasser, stieg wieder hoch und gelangte so endlich zu dem jungen Prinzen, der fast nicht mehr schwimmen konnte. Seine Arme und Beine fingen an zu ermatten, die schönen Augen schlossen sich; er hätte sterben müssen, wenn die kleine Seejungfrau nicht gekommen wäre. Sie hielt seinen Kopf über dem Wasser und ließ sich dann mit ihm von den Wellen treiben, wohin sie wollten.

Am Morgen war das Unwetter vorüber, die Sonne stieg rot und schimmernd aus dem Wasser empor,

aber die Augen des Prinzen blieben geschlossen. Die Seejungfrau küsste seine hohe, schöne Stirn, er kam ihr vor wie die Marmorstatue in ihrem kleinen Garten. Sie küsste ihn wieder und wünschte, dass er lebe. Jetzt sah sie das feste Land vor sich. Am Ufer waren grüne Wälder, davor lag eine Kirche oder ein Kloster, Zitronen- und Orangenbäume wuchsen im Garten. Die See bildete hier eine kleine Bucht. Dorthin schwamm sie mit dem Prinzen, legte ihn auf den Sand und sorgte dafür, dass der Kopf hoch in der warmen Sonne lag. Dann schwamm sie hinaus, legte

Meerschaum auf ihr Haar und auf ihre Brust, dass niemand ihr kleines Gesicht sehen konnte und gab acht, wer zu dem armen Prinzen käme.
Nicht lange, da kam ein junges Mädchen dorthin. Sie schien sehr zu erschrecken, aber dann holte sie mehrere Menschen und die kleine Seejungfrau sah, dass das Leben in dem Prinzen zurückkehrte.
Er lächelte alle ringsumher an, aber zu ihr hinaus lächelte er nicht, er wusste ja nicht, dass sie ihn gerettet hatte. Als er in das große Haus hineingeführt wurde, tauchte sie betrübt ins Wasser hinab und kehrte heim in das Schloss ihres Vaters.

Die Schwestern fragten, was sie das erste Mal da oben gesehen hätte, aber sie erzählte nichts, wurde nur noch stiller und gedankenvoller. Manch einen Abend und Morgen stieg sie dort empor, wo sie den Prinzen verlassen hatte, aber sie sah ihn nicht und darum kehrte sie jedes Mal noch betrübter heim. Dann war es ihr einziger Trost, in ihrem kleinen Garten zu sitzen und die Arme um die schöne Marmorstatue zu schlingen, die dem Prinzen glich.
Schließlich konnte sie es nicht mehr aushalten, sondern erzählte alles ihren Schwestern und die erzählten es nur ihren allerbesten Freundinnen

und eine von diesen wusste, wer der Prinz war und wo sein Königreich lag. „Komm, kleine Schwester", sagten die anderen Prinzessinnen, und sich umschlungen haltend stiegen sie in einer langen Reihe aus dem Meer auf, da, wo sie wussten, dass des Prinzen Schloss lag.

Eine große Marmortreppe führte gerade bis ans Wasser hinunter. Vergoldete Kuppeln ragten über dem Dach auf und durch das klare Glas der Fenster sah man in einen prächtigen Saal hinein, wo ein Springbrunnen plätscherte.

Nun wusste sie, wo er wohnte und kam oft hierher auf das Wasser. Sie schwamm viel näher an das Ufer heran, als die anderen es gewagt hätten, bis unter den prächtigen Marmoraltar, der einen langen Schatten über das Wasser warf.

Hier saß sie und sah den jungen Prinzen an, der sich allein glaubte in dem hellen Mondschein. Sie sah ihn auch wieder in einem prächtigen Boot segeln und hörte, wie die Fischer so viel Gutes von ihm erzählten und es freute sie, dass sie sein Leben gerettet hatte.

Sie dachte daran, wie fest sein Haupt an ihrem Busen geruht und wie herzlich sie ihn da geküsst hatte. Er wusste nur nichts davon und konnte nicht einmal von ihr träumen.
Mehr und mehr fing sie an, die Menschen zu lieben und sie hätte so gern vieles von ihnen gewusst, darum fragte sie die alte Großmutter.
„Wenn die Menschen nicht ertrinken“, fragte die kleine Seejungfrau, „können sie dann immer leben, sterben sie nicht, wie wir hier unten?“
„Freilich!“, sagte die Alte. „Sie müssen auch sterben und ihre Lebenszeit ist sogar noch kürzer als die unsere. Wir können dreihundert Jahre alt werden, aber wenn wir dann aufhören, hier zu sein, werden wir nur Schaum auf den Wellen. Wir haben keine unsterbliche Seele, wir sind wie das grüne Schilf: Ist es einmal abgeschnitten, so kann es nie wieder grünen. Die Menschen aber haben eine Seele, die ewig lebt, auch wenn der Leib zu Erde geworden ist. Sie steigt durch die klare Luft empor zu den funkelnden Sternen!“

„Warum haben wir keine unsterbliche Seele bekommen?“, fragte die kleine Seejungfrau betrübt. „Warum soll ich sterben und als Schaum auf den Wellen treiben? Kann ich denn gar nichts tun, um eine ewige Seele zu gewinnen?“

„Nein!“, sagte die Alte. „Nur wenn ein Mensch dich so lieben würde, dass du ihm mehr wärest als Mutter und Vater, wenn er den Priester deine Hand in seine Hand mit dem Versprechen ewiger Treue legen ließe, dann, ja dann würde seine Seele in deine Seele fluten und du würdest auch teilhaben am Glück der Menschen. Aber das kann niemals geschehen. Dein Fischschwanz, der so lieblich ist hier im Meer, den finden sie da oben hässlich. Auf der Erde musst du zwei klotzige Stützen haben, die sie Beine nennen, um schön zu sein.“

Betrübt sah die kleine Seejungfrau auf ihren Fischschwanz.

„Lasst uns vergnügt sein, tanzen und springen in den dreihundert Jahren, die wir leben“, sagte die Alte. „Heute Abend werden wir Hofball haben.“

Das war eine Pracht! Mitten durch den köstlich geschmückten Saal floss ein breiter Strom, auf dem die Meerfrauen und Meermänner zu ihrem eigenen lieblichen Gesang tanzten. So schöne Stimmen haben die Menschen auf der Erde nicht, und die kleine Seejungfrau sang am schönsten, dass alle klatschten ihretwegen. Einen Augenblick empfand sie Freude darüber, aber dann dachte sie wieder an den schönen Prinzen in der Welt oben und daran, dass sie nicht wie er eine unsterbliche Seele besitze. Leise schlich sie fort aus dem Schloss und setzte sich in ihren kleinen Garten. Da hörte sie ein Waldhorn durch das Wasser klingen und dachte: „Jetzt segelt er gewiss da oben, er, den ich lieber habe als Vater und Mutter, in dessen Hand ich meines Lebens Glück legen möchte. Alles will ich wagen, um ihn und eine unsterbliche Seele zu gewinnen. Ich will zur Meerhexe gehen, vor der mir immer so bange war, aber vielleicht kann sie mir helfen."

Heimlich schwamm die kleine Seejungfrau fort und suchte den Weg zu dem brausenden Mahlstrom, hinter dem die Hexe wohnte.

Mitten zwischen den zermalmenden Wirbeln musste sie vorwärts gehen und dann den Weg über heiß kochenden Schlamm und durch einen Wald von hässlichen Polypen suchen, die ihre Arme und Finger hinter ihr herstreckten. Nun kam sie zu

einem schleimüberzogenen Platz im Wald, wo fette Wasserschlangen sich wälzten. Mitten auf dem Platz saß die Meerhexe vor einem Haus, das aus den Gebeinen ertrunkener Menschen errichtet war.

„Ich weiß wohl, was du willst", sagte sie. „Das ist dumm von dir, denn er wird dich ins Unglück bringen. Aber du sollst deinen Willen haben. Du willst gerne deinen Fischschwanz los sein und an der Stelle zwei Stützen zum Gehen haben, damit der junge Prinz sich in dich verliebt und du ihn und eine unsterbliche Seele erhalten kannst!" Sie lachte laut und tückisch.

„Du kommst zur rechten Zeit, morgen, wenn die Sonne aufgeht, könnte ich dir nicht helfen, bis wieder ein Jahr um wäre. Ich werde dir einen Trunk mischen, mit dem sollst du,

ehe die Sonne aufgeht, an Land schwimmen, dich dort ans Ufer setzen und ihn trinken. Dann schrumpft dein Schwanz in das, was die Menschen niedliche Beine nennen, zusammen. Aber das tut weh, das ist, wie wenn ein scharfes Messer durch dich ginge.
Du behältst deinen leichten Gang, keine Tänzerin kann schweben wie du, aber jeder Schritt, den du machst, ist, als ob du auf ein scharfes Messer trätest. Willst du all dieses erleiden, so werde ich dir helfen."
„Ja", sagte die kleine Seejungfrau mit bebender Stimme und dachte an den Prinzen und an die Unsterblichkeit.
„Aber wenn du erst menschliche Gestalt hast, kannst du nie mehr eine Seejungfrau werden!", sagte die Hexe.

„Du kannst nicht niedersteigen durch das Wasser zu deines Vaters Schloss. Und gewinnst du nicht des Prinzen Liebe, sodass er um dich Vater und Mutter vergisst und den Priester eure Hände ineinander legen lässt, so bekommst du keine unsterbliche Seele. Am ersten Morgen, nachdem er mit einer anderen vermählt ist, wird dein Herz brechen und du wirst Schaum auf den Wellen."

„Ich will es", sagte die kleine Seejungfrau und war bleich wie eine Tote.

„Aber mich musst du auch bezahlen", sagte die Hexe. „Du hast die schönste Stimme von allen hier unten, damit glaubst du wohl, ihn bezaubern zu können. Diese Stimme musst du mir geben für meinen kostbaren Trank. Mein eigen Blut muss ich darin kochen, damit der Trank so scharf werden kann wie ein zweischneidiges Schwert!"

„Aber wenn du meine Stimme nimmst, was bleibt mir dann übrig?“, fragte die kleine Seejungfrau.
„Deine liebliche Gestalt, dein schwebender Gang und deine sprechenden Augen“, sagte die Hexe. „Damit kannst du wohl ein Menschenherz betören. Nun, hast du den Mut verloren? Strecke deine kleine Zunge hervor, dann schneide ich sie ab zur Bezahlung und du sollst den Trank erhalten.“
„So geschehe es“, sagte die kleine Seejungfrau.
Die Hexe setzte ihren Kessel auf, scheuerte ihn mit Schlangen aus, die sie zu einem Knoten gebunden hatte, ritzte sich selbst in die Brust und ließ ihr schwarzes Blut hineintropfen. Immer neue Sachen warf die Hexe in den Kessel und als er kochte, war es, als ob ein Krokodil weinte. Zuletzt war der Trunk fertig und er sah aus wie das klarste Wasser.
„Da hast du ihn!“, sagte die Hexe und schnitt der kleinen Seejungfrau die Zunge ab, die nun stumm war und weder sprechen noch singen konnte.

Mit dem Trank in der Hand schwamm sie schnell durch den Wald, das Moor und den Mahlstrom. Sie konnte ihres Vaters Schloss sehen, aber sie wagte sich, nun sie stumm war, nicht mehr hinein.

Die Sonne war noch nicht aufgegangen, als sie des Prinzen Schloss sah und die prächtige Marmortreppe bestieg. Die kleine Seejungfrau trank den brennenden, scharfen Trank und es war, als führe ein zweischneidiges Messer durch ihre feinen Glieder. Sie wurde ohnmächtig und lag wie tot da.

Als die Sonne über die See schien, erwachte sie und fühlte einen schneidenden Schmerz, aber gerade vor ihr stand der schöne, junge Prinz, der sie anschaute. Sie schlug ihre Augen nieder und sah, dass ihr Fischschwanz fort war und sie die niedlichsten weißen Beine hatte, die nur ein Mädchen haben kann. Aber sie war nackt, deshalb hüllte sie sich in ihr langes Haar ein.

Der Prinz fragte, wer sie sei und wo sie hergekommen wäre und

sie sah ihn nur mit ihren dunkelblauen Augen an, sprechen konnte sie ja nicht.
Da nahm er sie bei der Hand und führte sie in das Schloss hinein. Jeder Schritt, den sie tat, war, als trete sie auf spitze Nadeln und Messer, aber das ertrug sie gern. An des Prinzen Hand schritt sie so leicht einher wie eine Seifenblase und er, sowie alle, wunderten sich über ihren lieblichen, schwebenden Gang.
Sie bekam herrliche Kleider und war im Schloss die Schönste von allen, aber sie war stumm. Schöne Sklavinnen sangen für den Prinzen und die kleine Seejungfrau wurde traurig, denn sie wusste, dass sie weit schöner gesungen hatte und dachte: „Wenn er nur wüsste, dass ich, um bei ihm zu sein, meine Stimme für alle Ewigkeit hingegeben habe."
Dann tanzten die Sklavinnen niedliche Tänze zur herrlichen Musik. Da erhob die kleine Seejungfrau ihre Arme, richtete sich auf den Fußspitzen auf und schwebte tanzend über den Fußboden hin, wie noch keine getanzt hatte. Bei jeder Bewegung wurde ihre Schönheit noch sichtbarer und ihre Augen sprachen tiefer zu den Herzen als der Gesang der Sklavinnen.
Der Prinz war entzückt von ihr und nannte sie sein Findelkind. Er sagte, sie solle immer bei ihm bleiben und sie erhielt die Erlaubnis, vor seiner Tür auf einem Sammetkissen zu schlafen. Er ließ ihr Männertracht machen, damit sie ihn zu Pferd begleiten könne. Nun ritt sie mit ihm durch die Wälder und stieg mit ihm auf die hohen Berge hinauf, obgleich ihre zarten Füße bluteten, dass selbst die anderen es sehen konnten.
Daheim in des Prinzen Schloss, wenn nachts die anderen schliefen, ging sie die breite Marmortreppe hinab und kühlte ihre brennenden Füße im Seewasser. Einmal kamen ihre Schwestern Arm in Arm und sangen so traurig und erzählten, wie betrübt alle waren.
Jede Nacht besuchten sie sie danach und einmal erblickte sie weit draußen ihre alte Großmutter und ihren Vater, den Meerkönig, die ihre Hände nach ihr ausstreckten.
Tag für Tag wurde sie dem Prinzen lieber. Er hatte sie so lieb, wie man ein gutes Kind lieb hat, aber sie zu seiner Königin zu machen, kam ihm gar nicht in den Sinn. Und seine Frau musste sie doch werden, sonst bekam sie keine unsterbliche Seele, sondern musste an seinem Hoch-

zeitsmorgen zu Schaum auf dem Meere werden.

„Liebst du mich nicht am meisten von allen?“, schienen die Augen der kleinen Seejungfrau zu fragen, wenn er sie in seine Arme nahm und ihre schöne Stirn küsste.

„Ja, du bist mir die Liebste“, sagte der Prinz. „Du gleichst einem jungen Mädchen, das ich einmal gesehen habe, aber sicher nie wiederfinden werde. Nach einem Schiffbruch warfen die Wellen mich bei einem Tempel ans Land, wo ein Mädchen, das in dem Tempel den Dienst verrichtete, mich fand und mein Leben rettete. Sie wäre die Einzige, die ich in dieser Welt lieben könnte, aber du gleichst ihr. Nie wollen wir uns trennen.“

Die kleine Seejungfrau seufzte tief, weinen konnte sie nicht. „Ach, er weiß nicht, dass ich sein Leben rettete“, dachte sie.
Aber dann tröstete sie sich: „Das Mädchen aus dem Tempel wird er nie wiedersehen und ich bin jeden Tag bei ihm. Ich will ihn pflegen, ihm mein Leben opfern.“
Nun sollte der Prinz sich verheiraten und des Nachbarkönigs schöne Tochter zur Frau bekommen. Ein prächtiges Schiff wurde gerüstet.
„Ich muss die Prinzessin sehen, meine Eltern verlangen es. Aber ich kann sie nicht lieben. Sie gleicht gewiss nicht dem Mädchen aus dem Tempel. Sollte ich eine Braut wählen, so würdest du es eher sein, mein Findelkind mit den sprechenden

Augen!“, sprach er zu der kleinen Seejungfrau und küsste ihren roten Mund und legte sein Haupt an ihr Herz, sodass dieses von Menschenglück und einer unsterblichen Seele träumte.

„Du fürchtest doch das Meer nicht, mein stummes Kind?“, fragte er, als er mit ihr auf dem Schiff stand.

Und er erzählte ihr vom Sturm und von der Meeresstille und sie lächelte nur bei seiner Erzählung, sie wusste ja besser, wie es dort unten aussah.

In der mondhellen Nacht saß sie am Rand des Schiffes und starrte durch das klare Wasser hinunter. Sie glaubte ihres Vaters Schloss zu sehen und die Großmutter und ihre Schwestern.

Am nächsten Morgen erreichten sie den Hafen von des Nachbarkönigs Stadt. Der Prinz wurde mit großem Gepränge empfangen, aber die Prinzessin war noch nicht da, es hieß, sie werde weit von hier entfernt in einem Tempel erzogen. Dort lerne sie alle königlichen Tugenden.

Endlich traf sie ein und die kleine Seejungfrau musste ihre Schönheit anerkennen, eine lieblichere Erscheinung hatte sie nie geschaut. Die Haut war fein und klar und hinter den langen, dunklen Wimpern lächelten ein Paar schwarzblaue, treue Augen.

„Du bist es", sagte der Prinz, „du, die mich vom Meer gerettet hat!"

Und er drückte seine errötende Braut ans Herz. „Ich bin allzu glücklich", sagte er zu der kleinen Seejungfrau. „Was ich nie erhoffen durfte, ist in Erfüllung gegangen und du wirst dich über mein Glück freuen."

Die kleine Seejungfrau küsste seine Hand und es kam ihr vor, als fühle sie schon ihr Herz brechen. Denn sein Hochzeitsmorgen würde ihr den Tod bringen und sie in Schaum auf dem Meere verwandeln.

Dann reichten Braut und Bräutigam einander die Hand und erhielten den Segen des Bischofs.

Die kleine Seejungfrau war in Gold und Seide gekleidet und trug die Schleppe der Braut, aber ihre Ohren hörten die Musik nicht, ihre Augen sahen die heilige Zeremonie nicht, sie gedachte nur ihrer Todesnacht und alles dessen, was sie in dieser Welt verloren hatte.
Noch am selben Abend gingen sie an Bord des Schiffes und mitten darauf war ein königliches Zelt errichtet, da sollte das Brautpaar in der kühlen, stillen Nacht schlafen.

Bunte Lampen wurden angezündet, die Seeleute tanzten auf dem Verdeck und die kleine Seejungfrau wirbelte mit im Tanze, schwebte wie die Schwalbe schwebt und alle jubelten ihr Bewunderung zu.
Es schnitt ihr wie scharfe Messer in die zarten Füße, aber sie fühlte es nicht. Es schnitt ihr schmerzlicher ins Herz. Sie wusste, dass es ihr letzter Abend war, eine unendliche Nacht ohne Gedanken und Traum harrte ihrer, die keine Seele hatte und sie nicht gewinnen konnte. Der Prinz küßte seine schöne Braut, und Arm in Arm gingen sie zur Ruhe in das prächtige Zelt.
Es wurde still auf dem Schiff, die kleine Seejungfrau legte ihre weißen Arme auf den Schiffsrand und blickte gegen Osten nach der Morgenröte.

Der erste Sonnenstrahl würde sie töten. Da sah sie ihre Schwestern aus dem Meere aufsteigen, die waren bleich wie sie und ihr langes, schönes Haar wehte nicht mehr im Winde, es war abgeschnitten.
„Wir haben es der Hexe gegeben, dass sie dir hilft, damit du diese Nacht nicht stirbst. Sie hat uns ein scharfes Messer gegeben, hier ist es! Bevor die Sonne aufgeht, musst du es dem Prinzen ins Herz stoßen und wenn dann warmes Blut auf deine Füße spritzt, so wachsen diese in einen Fischschwanz zusammen und du wirst wieder eine Seejungfrau. Beeile dich, töte den Prinzen und komme zurück zu uns. Lebe deine dreihundert Jahre, bevor du zu totem Seeschaum wirst!“
Dann stießen sie einen Seufzer aus und versanken in den Wogen.

Die kleine Seejungfrau zog den Teppich vom Eingang des Zeltes und sah die schöne Braut und den Prinzen schlafen. Sie beugte sich nieder und küsste ihn auf die Stirn, der im Traum seine Braut beim Namen nannte.
Nur sie war in seinen Gedanken und das Messer zitterte in der Hand der Seejungfrau – aber dann warf sie es weit hinaus in die See. Wo es hinfiel, sah es aus, als sickerten Blutstropfen aus dem Wasser.
Noch einmal sah sie mit halbgebrochenen Blicken auf den Prinzen, stürzte sich vom Schiff ins Meer hinab und fühlte, wie ihr Körper sich in Schaum auflöste.
Nun stieg die Sonne aus dem Meer auf, die Strahlen fielen so mild und warm auf den kalten Meerschaum und die kleine Seejungfrau fühlte nichts vom Tode.
Sie sah die helle Sonne und über ihr schwebten Hunderte von durchsichtigen, herrlichen Geschöpfen.
Sie konnte durch sie hindurchsehen und ihre Stimmen waren eine Melodie, aber so geisterhaft, dass kein menschliches Ohr sie hören, ebenso wie kein irdisches Auge sie sehen konnte. Ohne Schwingen schwebten sie mit ihrer eigenen Leichtigkeit durch die Luft.
Die kleine Seejungfrau spürte, dass sie nun einen Körper hatte wie diese, der sich mehr und mehr aus dem Schaum erhob.
„Wohin komme ich?“, fragte sie, und ihre Stimme klang so geisterhaft wie die der anderen Wesen.
„Zu den Töchtern der Luft“, erwiderten die andern. „Die Seejungfrau hat keine unsterbliche Seele und kann sie nur erhalten, wenn sie eines Menschen Liebe gewinnt.
Die Töchter der Luft haben auch keine ewige Seele, aber sie können durch gute Taten sich selbst eine schaffen. Wir fliegen nach den warmen Ländern und kühlen die Pestluft, die die Menschen tötet. Wir verbreiten den Duft der Blumen und senden Erquickung und Heilung.
Wenn wir dreihundert Jahre gestrebt haben, alles Gute zu vollbringen, was wir können, so erhalten wir eine unsterbliche Seele und nehmen teil am ewigen Glück der Menschen.
Du hast mit ganzem Herzen danach gestrebt, hast gelitten und geduldet, hast dich zur Luftgeisterwelt erhoben. Nun kannst du dir durch gute Werke nach dreihundert Jahren eine unsterbliche Seele erschaffen.“

Die kleine Seejungfrau erhob ihre Arme zur Sonne und zum ersten Mal fühlte sie Tränen in den Augen.
Auf dem Schiff sah sie den Prinzen nach ihr suchen. Er starrte wehmütig in den Schaum, als wüsste er, dass sie sich ins Meer gestürzt hatte. Unsichtbar küsste sie die Stirn der Braut, lächelte dem Prinzen zu und stieg mit den anderen Kindern der Luft hinauf.
„Nach dreihundert Jahren schweben wir so in das Reich Gottes hinein, aber wir können noch früher dahin gelangen.
Wir besuchen unsichtbar die Häuser der Menschen und für jedes gute Kind, das wir finden, verkürzt Gott unsere Prüfungszeit.
Wenn wir über ein braves Kind lächeln, wird ein Jahr von den dreihundert Jahren weggenommen. Sehen wir aber ein garstiges Kind, so müssen wir Tränen vergießen und jede Träne legt unserer Prüfungszeit einen Tag zu.“

DIE PRINZESSIN AUF DER ERBSE

Es war einmal ein Prinz, der wollte eine Prinzessin heiraten, aber es sollte eine wirkliche Prinzessin sein.

Nun reiste er in der ganzen Welt umher, um eine solche zu finden, aber überall stand etwas im Wege. Prinzessinnen waren schon genug da, aber ob es auch wirkliche Prinzessinnen waren, dahinter konnte er durchaus nicht kommen. Immer war etwas da, das nicht stimmte.

So kam er denn wieder nach Hause und war ganz betrübt, denn er wollte so gern eine wirkliche Prinzessin haben.

Eines Abends entstand ein furchtbares Unwetter. Es blitzte und donnerte, der Regen strömte hernieder, es war geradezu entsetzlich. Da klopfte es an das Stadttor und der alte König ging hin, um zu öffnen.

Es war eine Prinzessin, die draußen vor demselben stand.

Aber, mein Gott, wie sah sie von dem Regen und dem bösen Wetter aus. Das Wasser triefte ihr von den Haaren und Kleidern herunter und lief in die Schuhspitzen hinein und aus den Hacken wieder heraus und sie sagte, dass sie eine wirkliche Prinzessin wäre.

„Nun, das wollen wir bald genug herausbekommen!“, dachte die alte Königin, sagte aber nichts. Sie ging in das Schlafzimmer, nahm alle

Betten heraus und legte eine Erbse auf den Boden der Bettstelle.
Darauf nahm sie zwanzig Matratzen, legte sie auf die Erbse und dann noch zwanzig Eierdaunenbetten oben auf die Matratzen. Da sollte die Prinzessin nun des Nachts liegen. Am Morgen fragte man sie, wie sie geschlafen hätte.
„Oh, entsetzlich schlecht!", sagte die Prinzessin. „Ich habe fast die ganze Nacht kein Auge zutun können!

Gott weiß, was in meinem Bette gewesen ist? Ich habe auf etwas Hartem gelegen, sodass ich am ganzen Körper braun und blau bin! Es ist wahrhaft entsetzlich!"
Daran konnte man denn sehen, dass es eine wirkliche Prinzessin war, da sie durch die zwanzig Matratzen und die zwanzig Eierdaunenbetten die Erbse gefühlt hatte.

So feinfühlig konnte nur eine wirkliche Prinzessin sein!
Da nahm der Prinz sie zur Frau, denn nun wusste er, dass er eine wirkliche Prinzessin hatte und die Erbse kam auf die Kunstkammer, wo sie noch zu sehen ist, wenn sie niemand genommen hat.
Seht, das war eine wirkliche Geschichte.

DES KAISERS NEUE KLEIDER

Vor vielen Jahren lebte ein Kaiser, der so ungeheuer viel auf neue Kleider hielt, dass er all sein Geld dafür ausgab, um recht geputzt zu sein. Er kümmerte sich nicht um seine Soldaten, kümmerte sich nicht um das Theater und liebte es nicht, spazieren zu fahren, außer um seine neuen Kleider zu zeigen. Er hatte einen Rock für jede Stunde des Tages und ebenso, wie man von einem Könige sagt, er ist im Rate, sagte man hier immer: „Der Kaiser ist in der Garderobe!"

In der großen Stadt, in welcher er wohnte, ging es sehr munter zu. An jedem Tag kamen viele Fremde da an. Eines Tages kamen auch zwei

Betrüger. Sie gaben sich für Weber aus und sagten, dass sie das schönste Zeug, das man sich denken könne, zu weben verständen. Die Farben und das Muster seien nicht allein ungewöhnlich schön, sondern die Kleider, die von dem Zeug genäht würden, besäßen die wunderbare Eigenschaft, dass sie für jeden Menschen unsichtbar wären, der nicht für sein Amt tauge oder der unverzeihlich dumm sei.

„Das wären ja prächtige Kleider", dachte der Kaiser, „wenn ich die anhätte, könnte ich ja dahinter kommen, welche Männer in meinem Reiche zu dem Amte, das sie haben, nicht taugen. Ich könnte die Klugen von den Dummen unterscheiden! Ja, das Zeug muss sogleich für mich

gewebt werden!“ Und er gab den beiden Betrügern viel Handgeld, damit sie ihre Arbeit beginnen könnten. Sie stellten auch zwei Webstühle auf und taten, als ob sie arbeiteten, aber sie hatten nicht das Geringste auf dem Stuhle. Frischweg verlangten sie die feinste Seide und das prächtigste Gold, das steckten sie in ihre eigenen Taschen und arbeiteten an den leeren Stühlen bis spät in die Nacht hinein.

„Ich möchte doch wohl wissen, wie weit sie mit dem Zeug sind!“, dachte der Kaiser.

Aber es war ihm ordentlich beklommen zumute, wenn er daran dachte, dass derjenige, welcher dumm sei oder schlecht zu seinem Amt tauge, es nicht sehen könne. Nun glaubte er zwar, dass er für sich selbst nichts zu fürchten brauche, aber er wollte doch erst einen anderen senden, um zu sehen, wie es damit stehe.

Alle Menschen in der ganzen Stadt wussten, welche besondere Kraft das Zeug habe und alle waren begierig, zu sehen, wie schlecht oder dumm ihr Nachbar sei.

„Ich will meinen alten, ehrlichen Minister zu den Webern senden!“, dachte der Kaiser. „Er kann am besten beurteilen, wie das Zeug sich ausnimmt, denn er hat Verstand und keiner versieht sein Amt besser als er!“

Nun ging der alte, gute Minister in den Saal hinein, wo die zwei Betrüger saßen und an den leeren Webstühlen arbeiteten.

„Gott behüte uns!“, dachte der alte Minister und riß die Augen auf. „Ich kann ja nichts erblicken!“ Aber dieses sagte er nicht. Beide Betrüger baten ihn, gefälligst näher zu treten und fragten, ob es nicht ein hübsches Muster und schöne Farben seien. Dann zeigten sie auf den leeren Webstuhl und der arme, alte Minister fuhr fort, die Augen aufzureißen, aber er konnte nichts sehen, denn es war nichts da.
„Herr Gott“, dachte er, „soll ich dumm sein? Das habe ich nie geglaubt, und dieses darf kein Mensch wissen! Sollte ich nicht zu meinem Amte taugen? Nein, es geht nicht, dass ich erzähle, ich könne das Zeug nicht sehen!“
„Nun, Sie sagen nichts dazu?“, fragte der eine, der da webte.
„Oh, es ist niedlich! Ganz allerliebst!“, antwortete der alte Minister und sah durch seine Brille. „Dieses Muster und diese Farben! – Ja, ich werde dem Kaiser sagen, dass es mir sehr gefällt.“
„Nun, das freut uns!“, sagten beide Weber und darauf nannten sie die Farben mit Namen und erklärten das seltsame Muster. Der alte Minister passte gut auf, damit er dasselbe sagen könnte, wenn er zum Kaiser zurückkäme. Und das tat er.

Nun verlangten die Betrüger mehr Geld, mehr Seide und mehr Gold, das sie zum Weben brauchen wollten. Sie steckten alles in ihre eigenen Taschen und auf den Webstuhl kam kein Faden, aber sie fuhren fort, wie bisher an dem leeren Webstuhl zu arbeiten.

Der Kaiser sandte bald wieder einen anderen ehrlichen Staatsmann hin, um zu sehen, wie es mit dem Weben stehe und ob das Zeug bald fertig sei. Es ging ihm grade wie dem ersten: Er sah und sah, weil aber außer dem leeren Webstuhle nichts da war, so konnte er nichts sehen.

„Ist das nicht ein hübsches Stück Zeug?", fragten die beiden Betrüger und zeigten und erklärten das prächtige Muster, welches gar nicht da war.
„Dumm bin ich nicht!", dachte der Mann. „Es ist also mein gutes Amt, zu dem ich nicht tauge? Das wäre komisch genug, aber das muss man sich nicht merken lassen!"
Und so lobte er das Zeug, das er nicht sah und versicherte ihnen seine Freude über die schönen Farben und das herrliche Muster.

„Ja, es ist ganz allerliebst!“, sagte er zum Kaiser. Alle Menschen in der Stadt sprachen von dem prächtigen Zeug.

Nun wollte der Kaiser es selbst sehen, während es noch auf dem Webstuhle sei. Mit einer ganzen Schar auserwählter Männer, unter denen auch die beiden ehrlichen Staatsmänner waren, die schon früher dort gewesen, ging er zu den beiden listigen Betrügern hin, die nun aus allen Kräften webten, aber ohne Faser und Faden.

„Ist das nicht prächtig?“, sagten die beiden alten Staatsmänner, die schon einmal da gewesen waren. „Sehen Eure Majestät, welches Muster, welche Farben!“ Und dann zeigten sie auf den leeren Webstuhl, denn sie glaubten, dass die anderen das Zeug wohl sehen könnten.

„Was“, dachte der Kaiser, „ich sehe gar nichts! Das ist ja schrecklich! Bin ich dumm? Tauge ich nicht dazu, Kaiser zu sein? Das wäre das Schrecklichste, was mir begegnen könnte!“

„Oh, es ist sehr hübsch!“, sagte er. „Es hat meinen allerhöchsten Beifall!“ Und er nickte zufrieden und betrachtete den leeren Webstuhl, denn er wollte nicht sagen, dass er nichts sehen könne.

Das ganze Gefolge, das er bei sich hatte, sah und sah und bekam nicht mehr heraus als alle die anderen. Aber sie sagten wie der Kaiser: „Oh, das ist hübsch!“ Und sie rieten ihm, diese neuen, prächtigen Kleider das erste Mal bei der großen Prozession, die bevorstand, zu tragen.

„Es ist herrlich, niedlich, excellent!“, ging es von Mund zu Mund. Man schien allerseits innig erfreut darüber und der Kaiser verlieh den Betrügern den Titel „Kaiserliche Hofweber“.

Die ganze Nacht vor dem Morgen, an dem die Prozession stattfinden sollte, waren die Betrüger auf und hatten viele Lichter angezündet. Die Leute konnten sehen, dass sie stark beschäftigt waren, des Kaisers neue Kleider fertig zu machen. Sie taten, als ob sie das Zeug aus dem Webstuhl nähmen, sie schnitten mit großen Scheren in die Luft, sie nähten mit Nähnadeln ohne Faden und sagten zuletzt: „Nun sind die Kleider fertig!"
Der Kaiser mit seinen vornehmsten Kavalieren kam selbst dahin, und beide Betrüger hoben den einen Arm in die Höhe, gerade als ob sie etwas in der Hand hielten, und sagten: „Seht, hier sind die Beinkleider! Hier ist der Rock! Hier ist

der Mantel!“, und so weiter. „Es ist so leicht wie Spinnewebe. Man sollte glauben, man habe nichts auf dem Leibe, aber das ist gerade die Schönheit davon!“

„Ja!“, sagten alle Kavaliere, aber sie konnten nichts sehen, denn es war nichts da.

„Belieben Eure kaiserliche Majestät jetzt Ihre Kleider allergnädigst aus-

zuziehen“, sagten die Betrüger, „so wollen wir Ihnen die neuen anziehen, hier vor dem großen Spiegel!“

Der Kaiser legte alle seine Kleider ab und die Betrüger stellten sich, als ob sie ihm jedes Stück der neuen Kleider anzögen, welche fertig wären und der Kaiser wendete und drehte sich vor dem Spiegel.

„Ei, wie gut sie kleiden! Wie herrlich sie sitzen!“, sagten alle. „Welches Muster, welche Farben! Das ist eine köstliche Tracht!“

„Draußen stehen sie mit dem Thronhimmel, welcher über Eurer Majestät in der Prozession getragen werden soll“, meldete der Oberzeremonienmeister.
„Seht, ich bin ja fertig!“, sagte der Kaiser. „Sitzt er nicht gut?“

Und dann wendete er sich nochmals zu dem Spiegel, denn es sollte scheinen, als ob er seinen Schmuck recht betrachtete.
Die Kammerherren, welche die Schleppe tragen sollten, griffen mit den Händen nach dem Fußboden,

gerade als ob sie die Schleppe aufhöben. Sie gingen und taten, wie wenn sie etwas in der Luft hielten. Sie wagten nicht, es sich merken zu lassen, dass sie nichts sehen konnten.

So ging der Kaiser in der Prozession unter dem prächtigen Thronhimmel und alle Menschen auf der Straße und in den Fenstern sprachen: „Gott, wie sind des Kaisers neue Kleider unver-

gleichlich; welche Schleppe er am Kleide hat, wie schön das sitzt."
Keiner wollte es sich merken lassen, dass er nichts sah, denn dann hätte er ja nicht zu seinem Amte getaugt oder wäre sehr dumm gewesen. Keine Kleider des Kaisers hatten solches Glück gemacht wie diese.
„Aber er hat ja nichts an!", sagte endlich ein kleines Kind.
„Herr Gott, hört des Unschuldigen Stimme!", sagte der Vater, und der eine zischelte dem anderen zu, was das Kind gesagt hatte.
„Aber er hat ja nichts an!", rief zuletzt das ganze Volk.
Das ergriff den Kaiser, denn es schien ihm, sie hätten recht; aber er dachte bei sich: „Nun muss ich die Prozession aushalten."
Und die Kammerherren gingen noch straffer und trugen die Schleppe, die gar nicht da war.

DER SCHWEINEHIRT

Es war einmal ein armer Prinz, der hatte ein Königreich, das ganz klein war, aber es war immerhin groß genug, um darauf zu heiraten. Und verheiraten wollte sich der Prinz, das war sein fester Wunsch. Nun war es freilich ein wenig keck von ihm, dass er ausgerechnet zur Tochter des Kaisers sagen wollte: „Möchtest du meine Gemahlin werden?"

Aber er wollte es dennoch wagen, denn sein Name war weit und breit berühmt und es gab Hunderte von Prinzessinnen, die gerne und sofort Ja gesagt hätten und zu ihm in sein kleines Reich gezogen wären. Aber ob es die Tochter des Kaisers tun würde? Nun – wir wollen sehen.

Auf dem Grabe des Vaters des Prinzen wuchs ein Rosenstrauch, ein herrlicher Rosenstrauch. Der blühte nur jedes fünfte Jahr und dann trug er nur eine einzige Rose. Aber es war nicht eine Rose wie alle anderen. Sie duftete so süß, dass man alle seine Sorgen und seinen Kummer vergaß, wenn man daran roch. Und dann hatte der Prinz noch eine Nachtigall, die konnte singen, als säßen alle schönen Melodien in ihrer kleinen, zarten Kehle.

Diese Rose und die Nachtigall wollte er der Prinzessin zum Geschenk machen und deshalb wurden beide in große, silberne Behälter gesetzt

und ihr zugesandt. Der Kaiser ließ sie vor sich her in den großen Saal tragen, wo die Prinzessin mit ihren Hofdamen spielte. Als sie die großen Behälter mit den Geschenken darin erblickte, klatschte sie vor Freude in die Hände. „Wenn es doch eine kleine Miezekatze wäre!“, sagte sie, aber da kam die herrliche, süß duftende Rose hervor.

„Oh, wie niedlich die gemacht ist!“, sagten alle Hofdamen.
„Sie ist mehr als niedlich“, sagte der Kaiser, „sie ist ganz bezaubernd!“
Aber die Prinzessin befühlte sie und da war sie nahe daran zu weinen.
„Pfui, Papa!“, sagte sie. „Sie ist nicht künstlich, sie ist natürlich!“
Und sie warf die herrliche Rose ärgerlich zu Boden.

„Pfui“, sagten da auch alle Hofdamen, „sie ist natürlich!“
Eine natürliche Rose fanden sie nämlich viel zu wenig vornehm, natürliche Rosen gab es überall. Niemand bemerkte, wie süß gerade diese eine Rose duftete, niemand hob sie auf, sie war schon vergessen. Eine Dienerin würde sie später zum Abfall werfen.
„Lasst uns nun erst nachsehen, was in dem anderen Behälter ist, ehe wir böse werden“, meinte darauf der Kaiser. Behutsam wurde der andere Behälter geöffnet und da kam die Nachtigall zum Vorschein. Zwei Edelknaben mussten einen goldenen Ständer mit einem Reifen herbeibringen und einer von ihnen setzte dann den Vogel in den Ring.
Und so unscheinbar die Nachtigall auch war, sie sang so unvergleichlich schön, dass niemand gleich

etwas Böses gegen sie vorzubringen wusste. Die Hofdamen lauschten entzückt, der Kaiser legte bewegt die Hände an die Brust und die Prinzessin ließ sich andächtig auf einem Sessel nieder und sagte kein Wort.

„Superbe! Charmant!“, sagten die Hofdamen, denn sie plauderten alle französisch, eine immer ärger als die andere. Sie wollten damit sagen, dass sie den Gesang herrlich und bezaubernd fanden.

Die liebliche Stimme der Nachtigall aber war im ganzen Schlosse zu vernehmen und so kamen immer mehr Zuhörer herbei, der Oberhofmeister und die Minister, der Kammerdiener des Kaisers und die Kammerzofen der Prinzessin.

„Wie der Vogel mich an die Spieldose der seligen Kaiserin erinnert!“, sagte

ein alter Minister. „Ach ja, es ist ganz derselbe Ton, derselbe Vortrag!"
„Ja", sagte der Kaiser und dann weinte er wie ein kleines Kind, denn er dachte an seine gute Gemahlin, die schon vor Jahren verstorben war.
Plötzlich aber sagte die Prinzessin: „Mir kommt vor, der Vogel singt, als wäre er lebendig. Es wird doch nicht etwa ein natürlicher sein?"
Und der Kaiser fragte die Boten, die den Vogel und die Rose gebracht hatten. „Ja, es ist ein natürlicher Vogel", sagten sie.
„So lasst ihn fliegen", sagte die Prinzessin, und sie wollte auf keine Weise gestatten, dass der Prinz komme. Und die Diener mussten die

Fenster öffnen und die Nachtigall ins Freie jagen. Die Hofdamen aber sagten: „Wie ungebildet muss der Prinz sein, der eine natürliche Rose und eine lebendige Nachtigall schenkt."

Aber der Prinz ließ sich nicht einschüchtern. Er bemalte sich das Gesicht mit brauner Farbe, drückte den Hut tiefer in die Stirn und klopfte an das Tor. Es traf sich, dass der Kaiser höchstpersönlich öffnete. Der Prinz zog seinen Hut und sagte: „Guten Tag, Herr Kaiser! Könnte ich hier auf dem Schlosse einen Dienst bekommen?"

„Ja", sagte der Kaiser nachdenklich, „es sind sehr viele, die um eine Anstellung bitten. Ich weiß daher nicht, ob es sich machen lassen wird, aber ich werde an dich denken – doch halt! Da fällt mir eben ein, ich brauche jemanden, der die Schweine hüten kann, denn Schweine haben wir viele, sehr viele."

So wurde der Prinz als kaiserlicher Schweinehirt angestellt. Er bekam eine jämmerlich kleine Kammer unten bei den Schweinen und hier musste er bleiben, aber den ganzen Tag arbeitete er und als es Abend war, hatte er einen kleinen Topf mit lustigen Schellen ringsum gemacht und sobald der Topf kochte, so klingelten sie und spielten die alte Melodie:

„O du lieber Augustin,
alles ist hin!"

Aber der Topf konnte noch viel mehr, er war eben ein künstlicher Topf. Hielt man nämlich den Finger in den Dampf des Topfes, so konnte man sogleich riechen, welche Speisen auf jedem Feuerherd in der Stadt zubereitet wurden.

Beim kaiserlichen Oberhofschneider gab es gerade gebratene Würstchen, die Frau des Hofjägers briet ein Rebhuhn, das ihr Mann bei der letzten Jagd auf die Seite gebracht hatte, beim Schuhmacher hüpften die Kartoffeln im Wasser und beim Schulmeister, der heute Geburtstag hatte, schmorte ein Huhn im Topfe. Und siehe da, der Bettler, der jeden Tag im Schlosse bettelte, hatte gar ein saftiges Fleisch in der Suppe und rote Grütze zum Nachtisch.

Ja, der Topf war wahrlich etwas ganz anderes als die natürliche Rose und die lebendige Nachtigall.

Nun kam zufällig die Prinzessin mit allen ihren Hofdamen daherspaziert und als sie die Melodie hörte, blieb sie stehen und sah ganz erfreut aus. Sie konnte nämlich auch „O du

lieber Augustin" spielen. Es war zwar das einzige, was sie konnte, aber das spielte sie mit einem Finger.
„Das ist ja das, was ich auch kann", sagte sie, „da muss es ein gebildeter Schweinehirt sein. Höre, gehe zu ihm und frage ihn, was das Instrument kostet. Ich möchte es gerne haben."

Und da musste eine der Hofdamen hingehen, aber sie zog Holzpantoffeln an, so schmutzig war es bei den Schweinen.
„Was willst du für den Topf hier haben?", fragte die Hofdame und hielt sich ihre Nase zu und trat von einem Fuß auf den anderen.

„Ich will zehn Küsse von der Prinzessin dafür haben“, sagte der junge Schweinehirt.
„Gott bewahre!“, sagte die Hofdame und wäre fast in Ohnmacht gefallen über dieses Ansinnen.
„Ja, für weniger tue ich es nicht, es ist schließlich ein künstlicher Topf“, antwortete der Schweinehirt. Da ging die Hofdame.
„Nun, was hat er geantwortet?“, fragte die Prinzessin.
„Das mag ich gar nicht sagen“, erwiderte die Hofdame.
„Ei, so kannst du es mir ja ins Ohr flüstern!“ Als die Prinzessin erfahren

hatte, was der Schweinehirt wollte, sagte sie: „Er ist unverschämt und unartig!“, und sie ging.
Aber als sie ein kleines Stück gegangen war, erklangen die Schellen:

„O du lieber Augustin,
alles ist hin!“

„Höre“, sagte die Prinzessin, „frage ihn, ob er zehn Küsse von meinen Hofdamen haben will!“
„Ich danke schön“, sagte der Schweinehirt, „zehn Küsse von der Prinzessin oder ich behalte meinen Topf.“

„Was für ein langweiliges Hin und Her das ist!", sagte die Prinzessin. „Aber dann müsst ihr vor mir stehen, damit niemand es sieht."
Und die Hofdamen stellten sich davor und breiteten ihre Kleider aus, und da bekam der Schweinehirt zehn Küsse – und die Prinzessin den Topf. Nun, das war eine Freude! Den ganzen Tag musste der Topf kochen. Es gab nicht einen Feuerherd in der ganzen Stadt, von dem sie nicht genau wusste, was darauf gekocht wurde, sowohl beim Kam-

merherrn wie beim Schuhmacher oder beim Schneider.

Die Hofdamen tanzten und klatschten in die Hände: „Wir wissen, wer süße Suppe und Eierkuchen essen wird, wir wissen, wer Grütze und Gebratenes bekommt, wie ist das doch interessant!“

„Sehr!“, sagte die Oberhofmeisterin. „Ja, aber haltet reinen Mund, denn ich bin des Kaisers Tochter!“

„Das versteht sich!“, sagten alle.

Der Schweinehirt, das heißt der Prinz – aber sie wussten es ja nicht anders, als dass er ein Schweinehirt sei – ließ die Tage nicht verstreichen, ohne etwas zu tun und da machte er ein Schellenspiel. Wenn man es herumschwang, erklangen alle Walzer und Hopser der Welt.

„Herrlich!“, rief die Prinzessin, als sie vorbeiging. „Ich habe nie schönere Musik gehört. Höre, gehe hinein und frage ihn, was das Instrument kostet: Aber ich küsse nicht wieder!“

„Er will hundert Küsse von der Prinzessin haben“, sagte die Hofdame, die hineingegangen war, um zu fragen.

„Ich glaube, er ist verrückt!“, sagte die Prinzessin und ging, aber als sie ein kleines Stück gegangen war, blieb sie stehen.

„Man muss etwas tun für die Kunst“, sagte sie, „ich bin des Kaisers

Tochter! Sage ihm, er soll wie neulich zehn Küsse haben, den Rest kann er von meinen Hofdamen bekommen." – „Ach, aber wir tun es ungern", sagten die Hofdamen.
„Das ist Geschwätz", sagte die Prinzessin, „wenn ich ihn küssen kann, so könnt ihr es auch. Bedenkt, ich gebe euch Kost und Lohn!"
Da mussten die Hofdamen wohl oder übel zu ihm hinein.
„Hundert Küsse von der Prinzessin", sagte er, „oder jeder behält das Seine!"
„Stellt euch also davor", sagte sie dann und alle Hofdamen taten es und der Schweinehirt küsste die Prinzessin.
„Was hat nur der Auflauf beim Schweinestall dort zu bedeuten?", fragte der Kaiser, der auf den Balkon hinausgetreten war. Er rieb sich die Augen und setzte die Brille auf.
„Das sind ja die Hofdamen, die diesen Lärm machen. Da muss ich wohl nachsehen!"
Potz Blitz, wie er sich sputete!

Sobald er in den Hof kam, ging er ganz leise und die Hofdamen waren so beschäftigt, die Küsse zu zählen, damit es ehrlich zugehe, dass sie den Kaiser gar nicht bemerkten.

„Was ist das?", sagte er, als er sah, dass die Prinzessin den Schweinehirten küsste und dann schlug er sie mit seinem Pantoffel auf den Kopf, gerade beim sechsundachtzigsten Kuss.

„Packt euch!", sagte der Kaiser, denn er war böse und die Prinzessin und der Schweinehirt wurden aus seinem Kaiserreich hinausgestoßen.

Da stand die Prinzessin nun und weinte, der Schweinehirt schimpfte und der Regen strömte hernieder.

„Ach, ich armes Geschöpf", sagte sie, „hätte ich doch den schönen Prinzen genommen! Ach, wie unglücklich bin ich!"

Und der Schweinehirt ging hinter einen Baum, wischte die braune Farbe aus seinem Gesicht, warf die schlechten Kleider von sich und trat nun in seiner Prinzentracht hervor, so schön, dass die Prinzessin sich verneigen musste.

„Ich bin nun soweit, dass ich dich verachte", sagte er. „Du wolltest keinen ehrlichen Prinzen haben, du verstandest dich nicht auf die Rose und die Nachtigall, doch den Schweinehirten konntest du für eine Spielerei küssen: Das hast du nun davon!"

Und dann ging er in sein Königreich, sie aber konnte draußen stehen und singen:

> „O, du lieber Augustin,
> alles ist hin!"

DER STANDHAFTE ZINNSOLDAT

Es waren einmal fünfundzwanzig Zinnsoldaten, alle Brüder, denn sie stammten von einem alten zinnernen Löffel. Sie hielten das Gewehr im Arm und das Gesicht geradeaus, rot und blau war ihre Uniform. Und es war einmal ein kleiner Junge, der hatte sie zum Geschenk bekommen, denn es war sein Geburtstag. Er nahm den Deckel von der Schachtel und als er die Soldaten erblickte, klatschte er in die Hände und rief: „Zinnsoldaten!" Das war das erste Wort, das sie in dieser Welt hörten. Noch einmal rief der Knabe: „Zinnsoldaten!"

Dann hob er sie aus der Schachtel und stellte sie auf dem Tisch auf. Der eine Soldat glich dem anderen aufs Haar, nur ein einziger war zuletzt gegossen worden, da hatte das Zinn nicht ausgereicht und er hatte nur ein

Bein. Aber er stand ebenso fest und sicher auf seinem einen Bein wie die anderen auf ihren zweien. Und gerade dieser Soldat war es, der Seltsames erleben sollte.

Auf dem Tisch, auf welchem sie aufgestellt wurden, stand viel anderes Spielzeug, aber das, was am meisten in die Augen fiel, war ein niedliches Schloss von Papier. Kunstvoll war es ausgeschnitten worden. Auf dem Dach wehten die Fahnen und durch die kleinen Fenster konnte man in die Säle hineinsehen. Vor dem Schloss

standen kleine, zierliche Bäumchen aufgereiht und dazwischen lag ein kleiner Spiegel, der wie ein klarer See aussah. Schwäne von Wachs schwammen auf dem See und spiegelten sich darin. Das alles war niedlich anzusehen, aber das Schönste war doch eine kleine Tänzerin, die mitten in der offenen Schlosstüre stand. Es war, als ob sie aus dem Schloss gesprungen kam. Auch sie war aus Papier geschnitten, aber sie trug ein Röcklein aus klarem Linnen und ein kleines, schmales

Band wehte über ihren Schultern, ähnlich einem Gewande. Und mitten darauf trug sie eine glänzende Rose, so groß wie ihr ganzes Gesicht. Das kleine Mädchen streckte ihre Arme aus, denn sie war eine gute Tänzerin und dann hob sie das andere Bein so hoch empor, dass es von dem Röcklein umschlossen wurde. Der Zinnsoldat konnte es durchaus nicht finden und glaubte nichts anderes, als dass auch sie nur ein Bein habe wie er.

„Das wäre eine Frau für mich", dachte er. „Sie ist aber sehr vornehm. Sie wohnt in einem Schloss und ich

habe nur eine Schachtel und da sind wir fünfundzwanzig drin, das ist doch keine Behausung für sie! Doch ich würde gerne Bekanntschaft mit ihr machen.“

Auf dem Tisch stand auch eine Schnupftabakdose, die schien ihm ein gutes Versteck zu sein. Er stellte sich, so lang er war, hinter die Schnupftabakdose und von dort aus konnte er die kleine, feine Tänzerin so recht betrachten. Sie stand immer noch auf einem Bein und fuhr damit fort, ohne aus dem Gleichgewicht zu geraten. Als es Abend wurde und der kleine Junge und alle Leute im

Haus zu Bett gingen, wurden auch all die anderen Zinnsoldaten in ihre Schachtel gelegt.
Aber um Mitternacht fing das Spielzeug an, sich zu bewegen und miteinander zu spielen. Sie spielten „Einladung ins Schloss“ oder „Krieg führen“ oder „Ball werfen“.
Die Zinnsoldaten rasselten in ihrer Schachtel, denn sie wollten gerne dabei sein und mitspielen, aber sie konnten den Deckel nicht abheben.
Der Nussknacker schlug Purzelbäume, der Griffel malte lustige Figuren auf die Schiefertafel; kurz, es war ein Lärm, dass der Kanarienvogel erwachte und anfing mitzusprechen. Er sprach sehr schön und in Versen, mitunter sang er auch. Die beiden einzigen, die sich

nicht von der Stelle bewegten, waren der Zinnsoldat und die Tänzerin: Sie stand kerzengerade auf einer Zehenspitze und hatte beide Arme ausgestreckt, er war ebenso standhaft auf seinem einen Bein. Seine Augen wandte er keinen Augenblick von ihr ab.

Jetzt schlug die Uhr zwölf und klatsch!, da sprang der Deckel von der Schnupftabakdose. Es war nämlich gar kein Schnupftabak darin, sondern das war ein Kunststück von einem Spielzeug und aus der Dose sprang ein Kobold.

„Zinnsoldat!“, sagte der kleine Kobold und wackelte munter auf seinem Spiraldraht. „Zinnsoldat, sieh doch nicht nach dem, was dich nichts angeht.“

Aber der Zinnsoldat tat, als ob er nichts hörte. „Na, dann warte nur bis morgen“, sagte der Kobold, ehe er wieder in seine Dose hineinschlüpfte.

Als es Morgen wurde und die Kinder aufstanden, nahmen sie den Zinnsoldaten und stellten ihn ins Fenster. Auf einmal – war es nun der Kobold oder war es der Zugwind? – auf einmal flog das Fenster auf und der Soldat fiel Hals über Kopf aus dem dritten Stockwerk hinunter auf die Straße. Das war ein weiter und schrecklicher Sturz! Aber der tapfere Soldat streckte sein Bein gerade in die Höhe und dann blieb er kopf-

über mit dem Bajonett zwischen den Pflastersteinen stecken.

Der kleine Junge und das Dienstmädchen gingen sogleich hinunter, ihn zu suchen. Sie kamen ganz nahe an ihn heran, hätten schier ihren Fuß auf ihn gesetzt, aber sie sahen ihn nicht und kehrten unverrichteter Dinge ins Haus zurück. Nicht wahr, der Zinnsoldat hätte rufen sollen? „Hier bin ich!“, hätte er rufen sollen, dann hätten sie ihn wohl gefunden.

Allein er fand es nicht passend, laut zu schreien, weil er in Uniform war. Und so blieb er liegen.

Nun fing es an zu regnen. Bald fielen die Tropfen dichter und endlich wurde es ein Platzregen. Das Wasser strömte über die Pflastersteine und sammelte sich in der Rinne. Als es vorüber war, kamen zwei Straßenbuben. „Oh, sieh einmal", riefen sie. „Da liegt ein Zinnsoldat. Das ist ein schönes Spielzeug. Der muss in einem Schiff fahren und weit hinaus ins Leben!"

Und sie falteten aus einer Zeitung einen Kahn, setzten den Soldaten hinein und schoben das Schiffchen ins Wasser. Da fuhr der Zinnsoldat in seinem stolzen Schiff den Rinnstein hinunter. Die Kinder liefen nebenher, klatschten in die Hände und freuten sich.

Der Regen aber hatte das Wasser im Rinnstein zu einem reißenden

Strom anwachsen lassen, die Wellen gingen hoch, das Papierboot schaukelte auf und nieder und manchmal drehte es sich so geschwind, dass der Zinnsoldat bebte, aber er blieb standhaft, verzog keine Miene, sah geradeaus und hielt das Gewehr im Arm. Plötzlich trieb der Kahn unter eine lange Rinnsteinbrücke, da wurde es so dunkel, als wäre er wieder in der Schachtel. „Wohin mag ich nun kommen?“, dachte er.

„An allem ist der Kobold Schuld! Ach, säße doch die kleine Tänzerin hier mit im Kahn, dann möchte es meinetwegen noch einmal so dunkel sein.“

Da kam eine große Wasserratte gekrochen, die wohnte unter der Rinnsteinbrücke.

„Wer da?“, rief die Ratte. „Hast du einen Pass? Zeig mir deinen Pass!“
Aber der Zinnsoldat schwieg und hielt das Gewehr noch fester.
Das Schiffchen fuhr unaufhaltsam weiter und die Ratte huschte hinterher. Sie fauchte, fletschte die Zähne und rief den herumtreibenden Holzspänen und Strohhalmen zu: „Haltet ihn! Haltet ihn! Er hat seinen Pass nicht gezeigt! Er hat keinen Zoll gezahlt! Er darf nicht weiterfahren!“
Aber die Strömung wurde stärker und immer stärker und der Zinnsoldat konnte schon da, wo die Brücke aufhörte, den hellen Tag erblicken. Doch zugleich hörte sein Ohr einen furchterregenden Klang, ein Sausen und Brausen, das einen tapferen Mann wohl in Angst und Schrecken versetzen konnte.
Denn die Gosse mündete da, wo die Brücke endete, in einen großen Kanal ein. Das Wasser stürzte in den breiten Strom hinab und das war für den Zinnsoldaten ebenso gefährlich, wie es für unsereins wäre, einen Wasserfall hinunterzufahren.
Nun war er schon so nahe dran, dass er nicht mehr anhalten konnte. Das Papierboot fuhr hinaus, der arme Zinnsoldat hielt sich so steif, wie er nur konnte. Niemand sollte ihm nachsagen, dass er mit den Augen geblinzelt hätte.
Das Schiffchen wirbelte in dem Strudel um und um und war bis zum Rand mit Wasser gefüllt, es fing an zu sinken. Der Zinnsoldat stand bis zum Hals im Wasser und tiefer und tiefer sank der Kahn, mehr und mehr löste das Papier sich auf. Nun stieg das Wasser über des Soldaten Kopf.
Da dachte er an die kleine, niedliche

Tänzerin, die er nie mehr zu Gesicht bekommen sollte und in seinen Ohren klang ein trauriges altes Soldatenlied:

„Fahre hin, o Kriegesmann,
den Tod musst du erleiden!"

Nun zerriss das aufgeweichte Papier und der Zinnsoldat stürzte in die Tiefe, doch im Augenblick wurde er von einem großen Fisch verschlungen.

Ach, wie dunkel war es im Fischleib! Da war es noch viel finsterer als unter der Rinnsteinbrücke. Und dann war es da sehr eng. Aber der Zinnsoldat blieb standhaft und lag lang ausgestreckt im Fischmagen, das Gewehr im Arm.

Der Fisch schwamm hin und her, machte schreckliche Bewegungen und wurde endlich ganz still. Plötzlich öffnete sich ein Spalt, das

Licht schien klar herein und eine Stimme rief laut: „Der Zinnsoldat!" Der Fisch war gefangen, auf den Markt gebracht, verkauft und in die Küche hinaufgetragen worden, wo die Köchin ihn mit einem großen Messer aufschnitt. Sie stutzte, fasste den Soldaten mit spitzen Fingern mitten um den Leib und trug ihn in die Stube. Alle sollten den merk-

würdigen Mann sehen, der im Magen eines Fisches herumgereist war.
Aber der Zinnsoldat war nicht stolz. Sie stellten ihn auf den Tisch, und da – wie sonderbar kann es doch auf der Welt zugehen! Da war der Zinnsoldat in derselben Stube, in der er früher gewesen war. Er sah dieselben Kinder und dasselbe Spielzeug, dasselbe herrliche Schloss stand auf

dem Tisch und vor dem Schlosstor stand die niedliche, kleine Tänzerin. Sie hielt sich immer noch auf dem einen Bein und streckte das andere hoch in die Luft, sie war auch standhaft!

Das rührte den Soldaten, er war nahe daran, Zinn zu weinen, aber es schickte sich nicht. Er sah sie an, sie sagte nichts. Da nahm einer der kleinen Knaben, ohne ein Wort zu

sagen, den Zinnsoldaten und warf ihn in das Kaminfeuer. Es war sicher der Kobold in der Schnupftabakdose, der Schuld daran war. Der Zinnsoldat stand grell beleuchtet da und fühlte eine Hitze, die schrecklich war. Er wusste aber nicht, ob sie von dem wirklichen Feuer oder von der Liebe herrührte. Die Farben waren von ihm abgegangen. Hatte er

sie auf der Reise verloren oder war der Kummer daran Schuld? Er sah das papierene Mädchen an, sie sah ihn an und er fühlte, dass er schmolz. Aber noch stand er standhaft mit dem Gewehr im Arm.
Da ging die Tür auf, der Wind ergriff die Tänzerin und sie flog wie ein Schmetterling in den Ofen zum Zinnsoldaten, loderte in den Flammen auf – und fort war sie. Da schmolz der Zinnsoldat zu einem Klumpen.
Als das Mädchen am anderen Tag die Asche ausräumte, fand sie ihn als ein kleines Herz. Von der Tänzerin war nur eine Flitterrose geblieben, die kohlschwarz gebrannt war.

DIE SCHNEEKÖNIGIN

Erste Geschichte, die von dem Spiegel und den Scherben handelt

Eines Tages war der Teufel so recht bei Laune, denn er hatte einen sehr merkwürdigen Spiegel gemacht. Der besaß die Eigenschaft, dass alles Gute und Schöne, das sich darin spiegelte, fast zu nichts zusammenschwand, aber das, was nichts taugte, noch ärger und größer wurde. Die herrlichsten Landschaften sahen wie gekochter Spinat darin aus und die besten Menschen wurden widerlich. Hatte man eine kleine Sommersprosse, so konnte man überzeugt sein, dass sie sich im Spiegel über Nase und Mund verbreitete. Hatte ein Mensch einen guten Gedanken, dann zeigte sich ein böses Grinsen im Spiegel. Wie freute sich da der Teufel! Und wer seine Zauberschule besuchte, denn er hielt eine solche, erzählte überall, dass ein Wunder geschehen sei. Nun könne man erst sehen, wie die Welt und die Menschen wirklich aussähen. Die Teufel liefen mit dem Spiegel umher und zuletzt gab es kein Land und keinen Menschen

mehr, der nicht verdreht darin gewesen wäre. Nun wollten die bösen Geister zum Himmel selbst auffliegen, um sich über die Engel und den lieben Gott lustig zu machen. Je höher sie mit dem Spiegel flogen, um so mehr grinste er. Sie konnten ihn kaum festhalten. Sie flogen höher und höher, Gott und den Engeln näher. Da erzitterte der Spiegel in seinem Grinsen so fürchterlich, dass er ihren Händen entglitt und zur Erde stürzte, wo er in hundert Millionen und noch mehr Stücke zersprang.

Und da gerade verursachte er weit größeres Unglück als zuvor, denn einige Stücke waren kaum größer als ein Sandkorn und diese flogen ringsumher in der weiten Welt. Wo jemand sie ins Auge bekam, da blieben sie und da sahen die Menschen alles verkehrt oder hatten nur Augen für das Verkehrte an einer Sache, denn jede kleine Spiegelscherbe besaß dieselben Kräfte wie der ganze Spiegel.

Einige Menschen bekamen sogar eine kleine Spiegelscherbe ins Herz und das war am ärgsten. Das Herz wurde nämlich einem Eisklumpen gleich. Manche Spiegelscherben kamen in Brillen und dann ging es schlecht, wenn die Leute diese Brille aufsetzten, um recht zu sehen.

Der Böse lachte, dass ihm fast der Bauch platzte und das kitzelte ihn angenehm. In der Welt aber flogen immer noch kleine Glasscherben umher. Nun – wir werden's hören!

Zweite Geschichte
Ein kleiner Knabe und ein kleines Mädchen

In einer großen Stadt lebten zwei arme Kinder. Sie waren nicht Bruder und Schwester, aber sie waren einander so gut, als ob sie es gewesen wären.

Ihre Eltern wohnten in zwei gegenüberliegenden kleinen Dachkammern. Vor den Fenstern waren große, hölzerne Kästen angebracht. Darin wuchsen die herrlichsten Rosen.

Da die Kästen sehr hoch waren, erhielten die Kinder oft die Erlaubnis, aus dem Fenster zu steigen und bei den Rosen zu sitzen. Da spielten sie dann glücklich.

Im Winter hatte dieses Vergnügen ein Ende. Die Fenster waren oft ganz zugefroren, aber dann wärmten die Kinder Kupfermünzen auf dem Ofen und drückten sie gegen die gefrorene Scheibe.

So entstand ein Guckloch und dahinter blitzte ein Auge von Kay und eines von Gerda. Im Sommer konnten die Kinder mit einem Sprung zueinander gelangen, im Winter mussten sie erst die vielen Treppen hinunter und hinauf. Draußen stob der Schnee.

„Die Flocken sind wie weiße Bienen, die schwärmen“, sagte die Großmutter.

„Haben sie auch eine Königin?“, fragte der kleine Kay.

„Die haben sie!“, sagte die Großmutter. „Sie fliegt dort, wo sie am dichtesten schwärmen! In mancher Winternacht schwebt sie durch die Straßen der Stadt und blickt zu den Fenstern hinein und dann frieren sie so sonderbar und sehen wie Blumen aus.“

„Kann die Schneekönigin hier hereinkommen?“, fragte Gerda.

„Lass sie nur kommen“, sagte der Knabe, „dann setze ich sie auf den warmen Ofen – und sie schmilzt.“

Am Abend, als der kleine Kay zu Hause war, kletterte er auf einen Stuhl am Fenster und guckte aus dem kleinen Loch. Ein paar Schneeflocken fielen draußen und eine, die allergrößte, blieb auf dem Rande des einen Blumenkastens liegen: sie wuchs und wuchs und war zuletzt eine märchenhaft schöne Dame. Ihr Kleid war von Millionen sternförmiger Flocken zusammengesetzt. Sie nickte dem Fenster zu und winkte mit der Hand. Da sprang Kay erschrocken vom Stuhle herab und es war ihm, als ob vor dem Fenster ein großer Vogel vorbeiflöge. Am nächsten Tag aber gab es klaren Frost. Dann keimte wieder das Grün hervor und der Sommer kam ins Land. Die Rosen blühten so schön wie nie zuvor und die kleine Gerda sang: „Die Rosen blühen und verwehen – wir werden das Christkind sehen!"

Glücklich hielten die Kleinen einander bei den Händen. Plötzlich sagte Kay: „Au! Es sticht in meinem Herzen und jetzt auch in meinen Augen!" Gerda erschrak und wollte ihm helfen, doch da sagte Kay: „Ich spüre nichts mehr. Ich glaube, es ist weg!" Aber es war nicht weg. Es war eines der Glaskörner von dem Zauberspiegel. Bald würde Kays Herz wie ein Eisklumpen werden.

„Weine nicht!", rief er barsch. „So siehst du hässlich aus. Mir fehlt ja nichts! Und die Rose dort hat einen Wurmstich und die nächste steht schief! Ach, im Grunde sind es hässliche Rosen!" Und dann stieß er mit dem Fuß gegen den Kasten und riss die Rosen ab.

Tag um Tag, Woche um Woche verstrich und immer mehr veränderte sich Kay. Er wollte nicht mehr mit der kleinen Gerda spielen, ja, er neckte sie sogar, die ihn doch von

ganzem Herzen liebte. An einem Wintertag erschien er mit seinem Schlitten bei Gerda und rief: „Ich fahre nun auf den großen Platz, wo die anderen Knaben spielen!“ Und weg war er.

Auf dem Platz ging es lustig zu. Die kecksten Knaben banden ihre Schlitten an den Wagen der Landleute fest und ließen sich ein Stück ziehen.

Mit einem Male war ein großer Schlitten da und darin saß jemand, der in einen weißen Pelz gehüllt war. Der Schlitten fuhr zweimal um den Platz herum und es gelang Kay, flink seinen kleinen Schlitten an ihm festzubinden und nun fuhr er mit. Flugs ging's in die nächste Straße und dann zum Stadttor hinaus. Jetzt begann es heftig zu schneien und Kay wollte von dem Schlitten loskommen, aber es ging nicht mehr. Da rief er ganz laut, doch der Schlitten flog dahin. Endlich hielt er an und die Person, die ihn lenkte, erhob sich. Es war eine Dame, schlank und glänzend weiß: die Schneekönigin.

„Wir sind gut gefahren!“, sagte sie, setzte ihn neben sich in den Schlitten und schlug den Pelz um ihn. „Friert dich noch?“, fragte sie, und dann küsste sie ihn auf die Stirn.

Oh, das war kälter als Eis und griff ihm ans Herz, das ohnehin schon zur Hälfte ein Eisklumpen war. Dann küsste die Schneekönigin Kay nochmals und da vergaß er Gerda, die Großmutter und alle daheim.
Der Schlitten aber flog über Wälder und Seen, über Länder und Meere. Unter ihnen sauste der kalte Wind, aber hoch oben schien der Mond groß und klar, und den betrachtete Kay die ganze lange Winternacht. Am Tage schlief er zu Füßen der Schneekönigin.

Dritte Geschichte
Der Blumengarten bei der Frau, die zaubern konnte

Den ganzen Winter über weinte Gerda, als Kay nicht zurückkehrte. Die Leute sagten, er sei tot, er sei im Fluss ertrunken. Dann kam der Frühling.
„Kay ist tot“, sagte Gerda.
„Das glaube ich nicht!“, antwortete der Sonnenschein.
„Er ist fort und tot!“, sagte sie zu den Schwalben.
„Das glauben wir nicht!“, erwiderten diese und am Ende glaubte die kleine Gerda es auch nicht.
„Ich will meine neuen, roten Schuhe anziehen“, sagte sie eines Morgens, „und den Fluss nach Kay fragen.“
Sie küsste die Großmutter und ging ganz allein dem Wasser zu. „Ist es wahr, dass du mir meinen Spielkameraden genommen hast? Ich schenke dir meine roten Schuhe, wenn du mir ihn wieder gibst!“
Sie nahm ihre Schuhe und warf sie in den Fluss hinein: aber die Wellen trugen sie wieder an Land. Nun glaubte Gerda, sie habe die Schuhe nicht weit genug hinausgeworfen und so kroch sie in ein Boot, das im Schilf lag, ging bis ans äußerste Ende vor und warf die Schuhe von da ins Wasser. Durch den Ruck aber löste sich das Boot vom Ufer und glitt in die Strömung hinein. Da erschrak die kleine Gerda sehr. Sie begann zu rufen und zu weinen, doch niemand außer den Sperlingen hörte sie. Und das Boot trieb fort …
„Vielleicht trägt mich der Fluss zu Kay“, sagte Gerda nach einer Weile und da wurde sie heiterer.
Dann gelangte sie zu einem großen Kirschgarten, in dem ein kleines Haus mit sonderbaren roten und blauen Fenstern stand. Es hatte ein Strohdach und vor dem Haus

standen zwei Holzsoldaten, die vor allen, die vorbeifuhren, salutierten. Gerda rief und winkte und da kam eine alte Frau aus dem Hause, die sich auf einen Krückstock stützte.

„Du armes Kind!“, rief die Alte. „Wie bist du nur in den reißenden Strom geraten!“ Sie ging ganz ans Wasser heran und zog das Boot mit ihrem Krückstock ans Ufer.

Gerda war froh, wieder aufs Trockene zu kommen, obgleich sie sich vor der fremden Frau ein wenig fürchtete. Die aber sagte: „Komm doch und erzähle mir, wer du bist und wie du hierherkommst!“

Und Gerda erzählte ihr alles. Die Alte aber schüttelte den Kopf und sagte, dass sie den kleinen Kay nicht gesehen habe. „Vielleicht kommt er noch“, fügte sie dann hinzu, „sei nur nicht betrübt und koste die Kirschen hier und erfreue dich an meinen Blumen.“

Während Gerda aß, kämmte die Alte ihr Haar mit einem goldenen Kamm

und darüber vergaß Gerda ihren Kay. Denn die alte Frau konnte zaubern, aber sie war nicht böse, sie wollte Gerda nur die Erinnerung nehmen, damit sie bei ihr blieb. Deshalb ging sie auch in den Garten und berührte dort alle Rosen mit ihrem Krückstock.

Sogleich sanken sie alle in die schwarze Erde hinein. Die Alte hatte Angst, dass Gerda, wenn sie die Rosen sähe, an ihre eigenen denken und sich auch an den kleinen Kay erinnern und fortlaufen würde. So verlebte Gerda Tag um Tag in dem wunderbaren Garten.

Doch einmal bemerkte sie auf der Haube der Alten eine Rose. Da sprang sie zwischen die Beete und suchte und suchte – aber sie fand keine einzige Rose – und schließlich weinte sie.

Ihre Tränen aber fielen gerade auf eine Stelle, wo ein Rosenstrauch versunken war. Der schoss nun empor, genauso schön wie zuvor,

als er in die Erde versank und Gerda küsste die Blüten und dachte an die Rosen daheim und da fiel ihr auch der kleine Kay wieder ein.
Sie fragte: „Wo ist Kay? Ist er tot?"
„Nein", antworteten die Rosen, „wir waren ja in der Erde. Dort sind alle Toten, aber Kay war nicht da."
Jetzt öffnete Gerda die Türe des Gartens und lief barfuß hinaus.
Es war Spätherbst. Das hatte sie in dem Zaubergarten gar nicht gemerkt.

Vierte Geschichte
Prinz und Prinzessin

Grau und kalt war die Welt, und Gerda musste ausruhen, denn ihre Füße waren wund.
Da setzte sich eine Krähe vor ihr in den Schnee und wollte wissen, was sie so allein hier mache. Nun erzählte Gerda auch der Krähe ihr trauriges Geschick und fragte sie, ob sie Kay gesehen habe. Und die Krähe nickte ganz bedächtig und sprach:

„Das könnte sein! Das könnte sein!“

„Oh! Glaubst du?“, rief das kleine Mädchen und hätte die Krähe mit ihren Küssen fast totgedrückt.

„Sei vernünftig!“, rief die Krähe. „Ich glaube, ich weiß – ich glaube es mindestens. Aber nun hat er dich sicher über der Prinzessin vergessen.“

„Wohnt er bei einer Prinzessin?“, fragte Gerda.

„Ja. Höre!“, sagte die Krähe. „In dem Königreich, in dem wir uns jetzt befinden, wohnt eine Prinzessin, die ist über alle Maßen klug. Sie hat alle Bücher der Welt gelesen und wieder vergessen, so klug ist sie.

Neulich entschloss sie sich, endlich einen Gemahl zu nehmen. Aber der sollte nicht nur vornehm aussehen, er musste vor allem imstande sein, klug zu sprechen. Als dies im Lande bekannt wurde, strömten viele Bewerber herbei. Sie alle konnten gut sprechen, solange sie draußen auf der Straße waren. Doch kaum standen sie vor dem Throne, auf

dem die Prinzessin Platz genommen hatte, so wurden sie verwirrt und wussten keine Antwort mehr."

„Was hat das mit Kay zu tun?", fragte Gerda ungeduldig. „Kam der auch?"

„Warte, warte! Es war am dritten Tage, da kam ein Bursche, ohne Pferd oder Wagen, ganz fröhlich auf das Schloss marschiert. Seine Augen glänzten, er hatte schöne, lange Haare, aber erbärmliche Kleider."

„Das war Kay!", jubelte Gerda.

„Er hatte ein kleines Ränzel auf dem Rücken", sagte die Krähe.

„Nein, das war sicher sein Schlitten!", entgegnete Gerda.

„Das ist möglich", sagte die Krähe, „ich sah nicht so genau danach. Das Ende aber war, dass der Bursche so fröhlich und klug sprach, dass die Prinzessin ihn zum Manne nahm."

„Das war bestimmt Kay", meinte Gerda, „er war immer schon so klug. Oh, führe mich doch zu dem Schlosse!"

Das tat die Krähe gern. Sie holte ihre Braut, eine zahme Krähe aus dem Schloss, zu Hilfe. Über eine geheime Hintertreppe brachte sie die kleine Gerda ins Schlafgemach der Prinzessin. Mittendrin hingen an einem dicken Stengel zwei Betten, die wie Lilien aussahen. Das eine war weiß, und in dem lag die Prinzessin, das andere war rot und darin sah die kleine Gerda einen braunen Nacken.

„Kay!", rief sie laut. Aber es war nicht Kay, sondern ein junger Prinz und da weinte sie bitterlich und erzählte der Prinzessin und dem Prinzen ihre traurige Geschichte.

„Du armes Kind!", sagten die beiden und der Prinz ging aus dem Zimmer und ließ sie in seinem Bette schlafen. Am nächsten Tag erhielt Gerda kostbare Kleider, eine goldene Kutsche, Pferde und Diener, und so machte sie sich auf, aufs Neue ihren Kay zu suchen.

Fünfte Geschichte
Das kleine Räubermädchen

Einmal fuhr die Kutsche durch einen dunklen Wald. Sie leuchtete wie Gold, das stach den Räubern in die Augen. Sie stürzten hervor, ergriffen die Pferde, schlugen den Kutscher und die Diener tot und zogen die kleine Gerda aus dem Wagen.

„Sie ist fett, sie ist bestimmt mit Nusskernen gefüttert worden", sagte das alte Räuberweib, „sie wird mir ausgezeichnet schmecken!"

Aber das kleine Räubermädchen rief: „Sie soll mit mir spielen! Sie soll mir ihren Muff und ihr hübsches Kleid geben und bei mir in meinem Bette schlafen!“ Und es schrie und trotzte so lange, bis es seinen Willen hatte. Dann fasste es die kleine Gerda um den Leib und sagte: „Sie dürfen dich nicht schlachten, solange ich dir nicht böse bin. Du bist wohl eine Prinzessin?“

„Nein“, sagte Gerda und erzählte ihr alles, was sie erlebt hatte und wie gern sie den kleinen Kay habe. Da nickte das Räubermädchen ernsthaft: „Sie dürfen dich auch dann nicht schlachten, wenn ich dir böse werde.“

Später führte das Räubermädchen Gerda in eine Ecke, wo Stroh und Teppiche lagen. Darüber saßen auf Latten und Stäben mehr als hundert Tauben.

Zwei Waldtauben aber waren in einem Käfig eingeschlossen und an einen Pfahl war ein Rentier gebunden, das einen glänzenden kupfernen Ring um den Hals trug.

„Die Tiere gehören alle mir“, sagte das Räubermädchen, „doch nun erzähle noch einmal alles vom kleinen Kay!“ Und Gerda erzählte. Es dauerte nicht lange, so schlief das Räubermädchen ein. Die arme Gerda aber konnte kein Auge schließen, denn sie hatte Angst vor den Räubern draußen am Feuer. Da sagten die Waldtauben: „Kurre! Kurre! Wir haben Kay gesehen. Ein weißes Huhn trug seinen Schlitten. Er saß im Wagen der Schneekönigin, die über die Baumwipfel hinwegfuhr.“

„Was sagt ihr?“, rief Gerda aufgeregt. „Wohin reiste die Schneekönigin?“

„Vielleicht nach Lappland“, sagte das Rentier, „dort hat sie ihr Sommerzelt, ihr Schloss steht am Nordpol.“

Am Morgen erzählte Gerda dem Räubermädchen, was sie erfahren hatte und das Räubermädchen sagte nach einer Weile: „Alle Männer sind fort, nur die Mutter ist noch hier, aber gegen Mittag schläft sie ein wenig – und dann werde ich etwas für dich tun.“ Und so geschah es auch.

Das Räubermädchen sprach lange mit dem Rentier, dann wandte es sich an Gerda: „Mein Rentier wird dich nach Lappland bringen, es kennt sich dort genau aus. Aber deinen Muff behalte ich, der ist gar zu niedlich. Du bekommst dafür die Fausthandschuhe meiner Mutter. Und hier hast du zwei Brote und Schinken."

Gerda dankte dem Räubermädchen, setzte sich auf das Rentier, und schon ging es dahin, über Stock und Stein, über Wälder, Sümpfe und Dörfer – dann waren sie in Lappland.

Sechste Geschichte
Die Lappin und die Finnin

Bei einem jämmerlich kleinen Haus hielten sie an. Darin saß eine alte Lappin, die bei einer Tranlampe Fisch kochte. Ihr erzählte das Rentier Gerdas traurige Geschichte.

„Ach, ihr Armen", sagte die Lappin, „da habt ihr noch weit. Ihr müsst über hundert Meilen weit nach Finnmarken hinein, da wohnt die Schneekönigin. Papier habe ich keines, aber ich werde ein paar Worte auf trockenen Stockfisch schreiben und den werdet ihr der Finnin geben. Sie kann euch genauere Auskunft geben als ich."

Als Gerda sich genügend gewärmt und gegessen hatte, band sie den Fisch auf dem Rentier fest, bedankte sich und ritt wieder weiter. Hoch in der Luft ging die Reise dahin – die ganze Nacht leuchteten die herrlichsten Nordlichter.

Dann kamen sie nach Finnmarken und klopften an den Schornstein der Finnin, denn sie hatte keine Tür. Die Finnin, sie war klein und schmutzig, nahm die beiden auf und las, was auf dem trockenen Fisch stand. Sie las es dreimal, dann wusste sie es auswendig und steckte den Fisch in den Suppenkessel. Er konnte ja gegessen werden und sie verschwendete nie etwas.

Nun erzählte das Rentier die Geschichte der kleinen Gerda und die Finnin blinzelte mit den klugen Augen, sagte aber gar nichts.

„Du bist sehr klug", sagte das Rentier, „willst du nicht dem kleinen Mädchen Zwölfmännerkraft verleihen, damit es die Schneekönigin überwinden kann?"

Die Finnin schwieg und nahm ein großes, zusammengerolltes Fell hervor und rollte es auf. Da standen wunderbare Buchstaben geschrieben.

Aber das Rentier bat wieder und auch Gerda blickte die Finnin so flehend an, dass diese zu blinzeln anfing und das Rentier in einen Winkel zog, wo sie ihm zuflüsterte: „Es ist wahr, dass der kleine Kay bei der Schneekönigin ist. Er findet dort sogar alles nach seinem Geschmack und glaubt, dies sei der beste Ort der Welt. Das kommt davon, dass er einen Glassplitter ins Herz und ein Glaskörnchen ins Auge bekommen hat. Die müssen zuerst heraus, sonst wird er nie wieder ein Mensch und die Schneekönigin wird die Gewalt über ihn behalten. Ich kann Gerda auch keine größere Gewalt geben, als sie schon besitzt. Siehst du nicht, wie groß sie ist? Menschen und Tiere dienen ihr! Das ist die Macht, die aus einem reinen Herzen strömt. Kann sie nicht selbst das Glas aus dem kleinen Kay bringen, dann können wir nicht helfen.

Zwei Meilen von hier beginnt der Garten der Schneekönigin, dahin kannst du Gerda bringen. Setze sie beim großen Busch mit den roten Beeren ab und kehre sofort wieder zurück!"

Damit hob die Finnin die kleine Gerda auf das Rentier, das lief so schnell, wie es konnte.

„Oh, ich habe meine Stiefel nicht! Ich habe meine Fausthandschuhe nicht!", rief die kleine Gerda.

Aber das Rentier wagte nicht, sich aufzuhalten. Es lief bis an den großen Busch, setzte Gerda ab und lief, was es konnte, wieder zurück.

Nun stand die arme Gerda da, ohne Stiefel, ohne Handschuhe, in der entsetzlichen, eiskalten Finnmark. Sie lief vorwärts. Da kam ihr ein ganzes Regiment von Schneeflocken entgegen, das waren die Vorposten der Schneekönigin. Sie wurden immer größer und fürchterlicher, denn sie sahen aus wie Stachelschweine oder wie verzauberte Vögel oder wie unheimliche Geister mit Krallen.

Da wusste die kleine Gerda weder ein noch aus, und in ihrer Not sprach sie ein Gebet. Die Kälte war so groß, dass sie ihren eigenen Atem sehen konnte, der ging ihr wie Rauch aus dem Munde. Der Atem wurde dichter und dichter und gestaltete sich zu kleinen Engeln und die Engel wuchsen und wuchsen, sobald sie die Erde berührten. Die Engel stachen mit Spießen gegen die unheimlichen Schneeflocken, sodass diese in viele Stücke zersprangen. Jetzt fühlte die kleine Gerda frischen Mut und sie

schritt ganz sicher voran. Die Engel streichelten ihre Füße, da spürte sie weniger, wie kalt es war. Sie eilte nach dem Schloss der Schneekönigin.
Was aber machte Kay? Er dachte freilich nicht an Gerda und am wenigsten, dass sie vor dem Schlosse stand.

Siebte Geschichte
Von dem Schlosse der Schneekönigin und was sich später ereignete

Des Schlosses Wände waren gebildet vom treibenden Schnee und Fenster und Türen von den schneidenden Winden, darin waren über hundert Säle und der größte erstreckte sich mehrere Meilen weit.
Alles war leer und eisig beleuchtet vom glänzenden Nordlicht. Mitten in diesem leeren, unendlichen Schneesaal war ein zugefrorener See, der war in tausend Stücke zersprungen und jedes Stück war dem anderen gleich, dass es ein vollkommenes Kunstwerk war.
Hier saß Kay, ganz allein, er war blau vor Kälte, aber er merkte es nicht, denn die Schneekönigin hatte ihm den Frostschauer abgeküsst, und sein Herz glich einem Eisklumpen. Er hatte einige Eisstücke zusammengetragen und versuchte, diese zu Figuren zusammenzulegen. Er betrachtete die Eisstücke und dachte und dachte. Ganz steif saß er da, man hätte glauben können, er sei erfroren.
Da geschah es, dass Gerda durch das große Tor in das Schloss trat und hinein in den großen, kalten Saal. Sie erblickte Kay, sie erkannte ihn, sie fiel ihm um den Hals und rief: „Kay! Lieber Kay! Hier endlich habe ich dich gefunden!"

Er aber saß ganz still und kalt – da weinte die kleine Gerda heiße Tränen, die fielen auf seine Brust, sie drangen in sein Herz, sie tauten den Eisklumpen auf und verzehrten das kleine Spiegelstück darin.

Und Gerda sang: „Die Rosen blühen und verwehen – wir werden das Christkind sehen!"

Da brach Kay in Tränen aus. Er weinte, dass das Spiegelkörnchen aus dem Auge schwamm und er erkannte sie und jubelte: „Gerda! Liebe Gerda! Wo bist du so lange gewesen? Und wo bin ich gewesen?" Und er blickte rings um sich her: „Wie kalt und schrecklich leer es hier ist!"

Und er klammerte sich an Gerda und sie lachte und weinte vor Freude. Das war so herrlich, dass selbst die Eisstücke ringsum zu tanzen begannen.

Und Gerda küsste seine Wangen und sie wurden blühend. Sie küsste seine Augen und sie leuchteten gleich den ihren, sie küsste seine Hände und Füße und er war gesund.

Und sie fassten einander bei den Händen und wanderten aus dem Schlosse hinaus. Sie sprachen von der Großmutter und den Rosen auf dem Dache und wo sie gingen, ruhten die Winde und die Sonne brach durch. Bei dem Busch mit den roten Beeren erwartete sie das Rentier und trug sie zu der Finnin, wo sie sich wärmten, dann zur Lappin, die ihnen neue Kleider genäht und einen Schlitten besorgt hatte.

Und weiter ging die Reise! Sie begegneten auch dem kleinen Räubermädchen, das auf einem prächtigen Pferde saß. Das war eine Freude!

„Du bist mir ein schöner Kerl, dich so herumzutreiben!“, sagte sie zu Kay. „Ich möchte wissen, ob du es verdienst, dass man deinetwegen bis ans Ende der Welt läuft.“

Sie fasste sie beide an den Händen und versprach, dass sie sie besuchen würde, wenn sie durch die Stadt käme.

Dann gingen Kay und Gerda Hand in Hand. Es war ein herrlicher Frühling mit Blumen und Grün, die

Glocken läuteten und sie erkannten die Stadt, in der sie wohnten.
Sie gingen zur Tür der Großmutter, in die Stube hinein, wo alles wie früher war. Die Uhr tickte und die Zeiger drehten sich.
Und als sie durch die Tür gingen, bemerkten sie, dass sie erwachsene Menschen geworden waren. Die Rosen blühten zum Fenster herein und da standen die Kinderstühle und Kay und Gerda setzten sich und hielten einander bei den Händen. Die kalte, leere Herrlichkeit bei der Schneekönigin hatten sie gleich einem schweren Traum vergessen. Sie sahen einander in die Augen und verstanden auf einmal das alte Lied:
„Die Rosen blühen und verwehen –
wir werden das Christkind sehen!"
Da saßen sie beide, erwachsen und doch Kinder, Kinder im Herzen, und es war ein warmer, wohltuender Sommer.

DAS MÄDCHEN MIT DEN SCHWEFELHÖLZCHEN

An diesem Silvesterabend, am letzten Tag des Jahres, war es kalt und dunkel in den Straßen der kleinen Stadt.
Die Menschen blieben in ihren warmen Stuben, durch die Fenster sah man die Lichter an den Weihnachtsbäumen glänzen, der Duft von brutzelnden Gänsen drang hinaus auf die Straße. Schnee wirbelte herab.
Nur ein kleines Mädchen huschte durch die leeren Gassen. Schneeflocken lagen auf ihren blonden Locken, die nackten Füße waren blau und rot vor Kälte. Als sie von zu Hause fortging, hatte sie Pantoffeln

getragen. Aber als sie einem schnell vorüberfahrenden Wagen ausweichen musste, hatte sie die Schuhe verloren. Sie waren ihr viel zu groß gewesen. Den einen Pantoffel konnte sie nicht mehr finden.

Den anderen hatte ein Junge erwischt und war damit fortgelaufen. In der Hand trug sie ein Bund Schwefelhölzchen, in ihrer Schürzentasche lagen noch mehr. Aber niemand hatte ihr den ganzen langen Tag etwas abgekauft. Niemand hatte ihr einen Pfennig geschenkt. Nun wagte sie nicht, nach Hause zu gehen. Sie hatte ja keine Schwefelhölzchen verkauft und brachte keinen Pfennig Geld mit. Von ihrem Vater würde sie gewiss Schläge bekommen. Und zu Hause war es auch kalt, durch die Spalten im Dach pfiff der Wind.

In einem Winkel zwischen zwei Häusern, von denen das eine etwas

mehr vorsprang als das andere, setzte sich das Mädchen hin und kauerte sich zusammen. Die Füße hatte sie an sich gezogen. Es fror sie sehr und ihre kleinen Hände waren beinahe vor Kälte erstarrt.
„Ach“, dachte sie, „ein Schwefelhölzchen, ein einziges will ich an der Wand anzünden und mich an der Flamme wärmen, wenigstens die Hände wärmen!“
Sie zog eines der Hölzchen aus dem Bund: Rrritsch!
Wie das sprühte, wie das brannte! Es war eine warme, helle Flamme, wie ein wunderbares Lichtchen. Sie hielt ihre Hand darüber.
Da schien es dem Mädchen wirklich, als säße sie vor einem großen eisernen Ofen mit einem dampfenden Kessel aus Messing obendrauf. Wie knisterte das Feuer darin, wie

wohltuend wärmte es! Das Mädchen streckte auch die Füße aus, um sie zu wärmen – doch da erlosch das Flämmchen, der Ofen verschwand. Sie hatte nur die Überreste des abgebrannten Schwefelhölzchens in der Hand.

„Ach, wo ist das schöne Feuer geblieben?", dachte das Mädchen. „Ich will noch ein Hölzchen anstreichen und meine Füße wärmen."

Rrritsch! Wie es leuchtete! Dort, wo der Lichtschein auf die Mauer fiel, wurde diese durchsichtig wie ein Schleier.

Das Mädchen konnte in das Zimmer hineinsehen. Auf dem Tisch war ein weißes Tischtuch ausgebreitet, glänzendes Geschirr stand da auf. Herrlich dampfte und duftete die gebratene Gans, die mit Äpfeln und getrockneten Pflaumen gefüllt war. Oh sieh! Jetzt hüpfte die Gans von der Platte herunter und kam auf dem Fußboden, Messer und Gabel in der Brust, bis zu dem armen Mädchen hingewackelt.

Da erlosch das Schwefelhölzchen und sie sah wieder nur die dicke, feuchtkalte Mauer.

Sie zündete noch ein Hölzchen an. Da saß sie nun unter dem herrlichen Christbaum. Er war noch größer und noch reicher geschmückt als der, den sie durch die Glastüre beim reichen Kaufmann gesehen hatte. Tausende von Lichtern brannten auf den grünen Zweigen.

Die Kleine streckte ihre Hände danach aus. Da erlosch das Schwefelhölzchen. Die Weihnachtslichter stiegen höher und höher …

Jetzt sah das Mädchen sie als Sterne am Himmel. Einer davon fiel herunter und bildete einen langen Feuerstreifen.

„Jetzt stirbt jemand“, dachte das kleine Mädchen. Das hatte ihre Großmutter, die vor kurzem gestorben war, ihr erzählt. Großmutter, die einzige, die sie liebte, hatte ihr gesagt: „Wenn ein Stern vom Himmel fällt, steigt eine Seele zu Gott empor.“

Das Mädchen strich wieder ein Hölzchen an der Mauer an. Es wurde hell und in dem Gang stand die alte Großmutter, klar und schimmernd, mild und liebevoll.

„Ach Großmutter, nimm mich mit!“, rief das Mädchen. „Ich weiß, wenn das Hölzchen erlischt, gehst du fort, verschwindest wie der warme Ofen, wie der herrliche Gänsebraten und wie der prächtige Weihnachtsbaum. Lass mich nicht alleine!“

Sie zündete schnell das ganze Bund Schwefelhölzchen an, denn sie

wollte die Großmutter bei sich behalten. Und die Schwefelhölzchen leuchteten so stark, dass es heller wurde als mitten am Tag.

Die Großmutter war früher nie so groß, so schön gewesen. Die Kleine streckte ihre Hände aus. Sie fühlte sich so sonderbar leicht.

Die Großmutter nahm sie auf die Arme und stieg mit ihr hinauf, weit über die Erde. Dort oben war weder Kälte noch Hunger. Höher stiegen sie, höher hinauf zu Licht und Wärme – sie waren bei Gott.

Am anderen Morgen fanden die Leute in dem Winkel zwischen den Häusern den kleinen, leblosen Körper, mit den roten Backen und einem lächelnden Mund. Die starre Hand hielt die Schwefelhölzchen, von denen ein Bund abgebrannt war.

„Sie hat sich wärmen wollen", sagte jemand, „und ist dabei erfroren." Niemand ahnte, was sie Schönes gesehen hatte, in welchem Glanze sie mit der Großmutter in ein neues Jahr gegangen war.

DER TANNENBAUM

Draußen im Wald stand ein niedlicher kleiner Tannenbaum. Er hatte einen guten Platz. Sonne und Luft waren genug da und ringsumher wuchsen viele große Tannen und Fichten. Der kleine Tannenbaum wünschte aber so sehnlich, größer zu werden, er achtete nicht der warmen Sonne und der frischen Luft!

„Oh, wäre ich doch so ein großer Baum wie die andern“, seufzte das Bäumchen, „dann könnte ich meine Zweige weit ausbreiten und die Vögel würden Nester in meinen Zweigen bauen und wenn der Wind wehte, könnte ich so vornehm nicken, gerade wie die andern dort!“ War es dann Winter und der Schnee lag weiß und funkelnd auf dem Waldboden, so kam häufig ein Hase angesprungen und setzte gerade über den kleinen Baum hinweg, das war sehr ärgerlich!

Aber zwei Winter vergingen und im dritten war das Bäumchen schon so

groß, dass der Hase um den Stamm herumlaufen musste. „Ja, wachsen, wachsen, groß und alt werden: Das ist doch das einzig Schöne in dieser Welt“, dachte der Baum.
Im Herbst kamen Holzhauer und fällten einige der größten Bäume. Den jungen Tannenbaum, der nun ganz gut gewachsen war, schauerte, wenn die hohen, stattlichen Bäume mit Prasseln und lautem Krachen zur Erde fielen. Die Zweige wurden abgehauen und die Bäume sahen ganz nackt und schmal aus. Dann wurden sie auf Wagen gelegt und Pferde zogen sie aus dem Wald hinaus. Wohin nur wurden sie gebracht?
Im Frühjahr, als die Störche kamen, fragte der kleine Tannenbaum: „Wisst ihr nicht, wohin sie geführt wurden? Seid ihr ihnen nicht begegnet?“
Ein Storch nickte mit dem Kopfe und sagte: „Ja, ich sah viele neue

Schiffe, als ich aus Ägypten hierher flog. Auf den Schiffen waren hohe Mastbäume und ich darf annehmen, dass sie es waren: Sie hatten Tannengeruch. Ja, die sahen prächtig aus!" – „Ach, wäre ich doch auch groß genug, um über das Meer zu fahren!"

Wenn es gegen die Weihnachtszeit ging, wurden ganz junge Bäume gefällt, Bäume, die oft sogar kleiner als unser Tannenbaum waren, der weder Ruhe noch Rast hatte, sondern immer in die Welt hinaus wollte. Diese jungen Bäume behielten alle ihre Zweige und auch sie wurden auf Wagen gelegt, und Pferde zogen sie aus dem Wald hinaus.

„Wohin werden die gebracht?", fragte der Tannenbaum. „Sie sind nicht größer als ich und weshalb behalten sie alle ihre Zweige?"

„Das wissen wir, das wissen wir!", zwitscherten die Spatzen. „Unten in der Stadt haben wir in die Fenster gesehen. Sie gelangen zur größten

Pracht und Herrlichkeit, die man sich nur denken kann! Sie werden mitten in der warmen Stube aufgepflanzt und mit den schönsten Sachen geschmückt: mit vergoldeten Äpfeln, Spielzeug und hunderten von Lichtern."

„Und dann?", fragte der Tannenbaum und bebte an allen Zweigen. „Und dann? Was geschieht dann?"

„Ja, mehr haben wir nicht gesehen. Aber das war unvergleichlich!"

„Ob ich wohl auch bestimmt bin, diesen strahlenden Weg zu betreten?", jubelte der Tannenbaum. „Das ist noch besser als über das Meer zu ziehen. Wäre es doch schon Weihnachten! Nun bin ich groß und ausgewachsen wie die andern, die im vorigen Jahr weggeführt wurden. Oh, wäre ich erst auf dem Wagen, wäre ich in der warmen Stube mit aller Pracht und Herrlichkeit! Und dann? Ja, dann kommt noch etwas Besseres, noch weit Schöneres, weshalb würden sie uns sonst so schmücken? Ich sehne mich, ich weiß selbst nicht, wie mir ist."

„Freue dich doch unser", sagten Luft und Sonnenlicht, „freue dich deiner Jugend und deiner Freiheit!"
Aber er freute sich nicht, sondern wuchs und wuchs. Winter und Sommer stand er grün da. Die Leute sagten: „Das ist ein schöner Baum!" Und zur Weihnachtszeit wurde er als Erster gefällt. Die Axt hieb tief durch das Mark und der Baum fiel mit einem Seufzer zu Boden. Er fühlte einen ungeahnten Schmerz, er

konnte gar nicht an irgendein Glück denken. Er war betrübt, von dem Fleck, auf dem er emporgeschossen war, scheiden zu müssen. Denn er wusste, dass er die anderen Bäume, die Büsche und Blumen ringsumher

nie mehr sehen würde. Er erstarrte in eine tiefe Ohnmacht. Der Tannenbaum kam erst wieder zu sich, als er einen Mann sagen hörte: „Dieser hier ist schön gewachsen. Wir brauchen diesen.“

Nun kamen zwei Diener in Livree und trugen den Tannenbaum in einen großen Saal. Ringsumher an den Wänden hingen Bilder und neben dem Kachelofen standen große chinesische Vasen. Da gab es seidene Sofas, Schaukelstühle, Tische voller Bilderbücher und Spielzeug für die Kinder. Der Baum wurde in ein großes, mit Sand ge-

fülltes Gefäß gestellt. Oh, wie er bebte! Was würde nun geschehen? Die Diener und die Fräulein schmückten ihn. An seine Zweige hängten sie kleine Netze aus farbigem Papier, mit Zuckerwerk gefüllt. Vergoldete Äpfel und Nüsse kamen dazu, über hundert rote, blaue und weiße Lichterchen wurden in den Zweigen festgesteckt und hoch oben

auf der Spitze wurde ein Stern von Flittergold befestigt. Das war prächtig, ganz außerordentlich prächtig.
„Heute Abend“, sagten alle, „heute Abend wird er strahlen!“
„Wäre es doch schon Abend!“, dachte der Baum. „Würden nur die Lichter bald angezündet! Und was dann wohl geschieht? Ob die Bäume aus dem Wald kommen, mich zu sehen? Ob ich hier festwachse und Winter und Sommer geschmückt stehen werde?“
Dann wurden die Lichter angezündet. Welcher Glanz, welche Pracht! Der Baum bebte so, dass eines der Lichter einen grünen Zweig anbrannte, es sengte ordentlich.
„Hilfe!“, schrien die Fräulein und löschten es hastig aus. Jetzt durfte der Baum nicht einmal mehr beben. Er fürchtete, etwas von seinem Schmuck zu verlieren. Ganz betäubt war er von all dem Glanze.
Da gingen beide Flügeltüren auf und eine Menge Kinder standen ganz stumm – aber nur einen Augenblick – dann jubelten sie, dass es nur so schallte. Sie tanzten um den Baum herum und ein Geschenk nach dem andern wurde abgepflückt.
„Was machen sie jetzt?“, dachte der Baum. Die Lichter brannten bis dicht an die Zweige herunter und wenn sie niederbrannten, wurden sie

ausgelöscht und schließlich erhielten die Kinder Erlaubnis, den Baum zu plündern. Sie stürzten auf ihn ein, dass es in allen Zweigen knackte. Wäre er nicht mit der Spitze und mit dem Goldstern an der Decke befestigt gewesen, so wäre er gewiss umgestürzt.

Niemand sah mehr nach dem Baum, bis das alte Kindermädchen kam und zwischen die Zweige blickte, aber nur um zu sehen, ob nicht noch eine Feige oder ein Apfel vergessen worden wäre.

„Eine Geschichte! Eine Geschichte!“, riefen die Kinder und zogen einen kleinen dicken Mann zum Tannenbaum hin. Der setzte sich und sagte: „Da sind wir im Grünen und der Baum kann auch zuhören. Aber ich erzähle nur eine Geschichte. Wollt ihr die von Ivede-Avede oder die von Klumpe-Dumpe hören?“

„Ivede-Avede!“, schrien einige, „Klumpe-Dumpe!“, schrien andere. Das war ein Rufen und Schreien! Und der Mann erzählte von Klumpe-Dumpe, der die Treppe herunterfiel und trotzdem zu Ehren kam und die Prinzessin erhielt. Die Kinder klatschten in die Hände und wollten auch die andere Geschichte

hören, aber sie bekamen nur die von Klumpe-Dumpe. Der Baum stand ganz stumm und gedankenvoll. Klumpe-Dumpe fiel die Treppe herunter und bekam doch die Prinzessin!

„Ja, ja, so geht es in der Welt zu“, dachte der Tannenbaum und glaubte, dass es wahr sei, weil der Mann es erzählt hatte.

„Ja, ja, wer kann es wissen? Vielleicht falle ich auch die Treppe hinunter und bekomme eine Prinzessin!“

Und er freute sich darauf, den nächsten Tag wieder mit Lichtern und Spielzeug, Gold und Früchten geputzt zu werden.

„Morgen will ich mich recht über alle Herrlichkeit freuen.“ Und der Baum stand die ganze Nacht still und gedankenvoll. Am Morgen kamen die Diener und das Mädchen herein.

„Nun beginnt das Schmücken aufs Neue“, freute sich der Baum. Aber sie schleppten ihn zum Zimmer hinaus, die Treppe hinauf auf den

Boden, und hier, in einem dunklen Winkel, stellten sie ihn ab.

„Was soll das bedeuten?“, wunderte sich der Baum. „Was soll ich hier wohl machen?“ Es vergingen Tage und Nächte, niemand kam hinauf. Als endlich jemand kam, so geschah es nur, um einige große Kästen in eine Ecke zu stellen.

„Jetzt ist es Winter draußen!“, dachte der Baum. „Die Erde ist hart und mit Schnee bedeckt, die Menschen können mich jetzt nicht pflanzen. Deshalb soll ich bis zum Frühjahr hier im Schutze stehen. Das ist wohl bedacht! Wäre es hier nur nicht so dunkel und einsam! Nicht einmal ein kleiner Hase springt über mich hinweg. Damals konnte ich es nicht leiden. Aber hier oben ist es doch schrecklich einsam!“

„Piep, Piep!“, sagte da eine kleine Maus und huschte hervor und dann kam noch eine.

„Es ist eine gräuliche Kälte!“, sagten die kleinen Mäuse. „Sonst ist es hier gut sein, nicht wahr, du alter Tannenbaum?“

„Ich bin gar nicht alt!“, sagte der Tannenbaum. „Es gibt viele, die weit älter sind als ich.“

„Wo kommst du her?“, fragten die Mäuse. „Und was weißt du? Erzähle uns doch von dem schönsten Ort auf Erden! Bist du in der Speisekammer gewesen, wo Käse auf den Brettern liegt, wo man auf Talglicht tanzt, mager hineingeht und fett herauskommt?“

„Das kenne ich nicht!“, sagte der Baum. „Aber den Wald kenne ich, wo die Sonne scheint und wo die Vögel singen!“

Und er erzählte alles aus seiner Jugend und die kleinen Mäuse horchten auf und sagten: „Nein, wie viel du gesehen hast! Wie glücklich du gewesen bist.“

„Ich?“, sagte der Tannenbaum und dachte über das, was er selbst erzählte, nach. „Ja, es waren im Grunde ganz fröhliche Zeiten.“ Und er berichtete vom Weihnachtsabend, wo er mit Kuchen und Lichtern geschmückt war.

„Oh“, sagten die kleinen Mäuse, „wie glücklich du gewesen bist!“

In der nächsten Nacht kamen die Mäuse mit vier anderen kleinen Mäusen und je mehr der Tannenbaum erzählte, desto deutlicher erinnerte er sich selbst an alles und sagte: „Es waren doch ganz fröhliche Zeiten! Aber sie können wiederkommen. Klumpe-Dumpe fiel die Treppe hinunter und erhielt doch die Prinzessin. Vielleicht kann ich auch eine Prinzessin bekommen.“

„Wer ist Klumpe-Dumpe?“, fragten die kleinen Mäuse. Da erzählte der Tannenbaum das ganze Märchen und die Mäuse freuten sich. In der folgenden Nacht kamen weit mehr Mäuse und am Sonntag sogar zwei Ratten, aber die meinten, die Geschichte sei nicht hübsch.

„Wissen Sie nur die eine Geschichte?“, fragten die Ratten.

„Nur die eine“, sagte der Baum, „die hörte ich an meinem glücklichsten Abend. Damals dachte ich nicht daran, wie glücklich ich war.“

„Das ist eine höchst jämmerliche Geschichte. Wissen Sie keine von Speck oder Talglicht? Keine Speisekammer-Geschichte?“

„Nein!“, sagte der Baum.

„Dann danken wir dafür!“, erwiderten die Ratten und kamen nicht wieder. Die kleinen Mäuse blieben zuletzt auch weg.

Da seufzte der Baum: „Es war doch hübsch, als sie um mich herum saßen und zuhörten. Nun ist das vorbei. – Aber ich werde daran denken, mich zu freuen, wenn man mich wieder hervorholt.“

Eines Morgens kamen Leute und räumten auf. Der Tannenbaum wurde hervorgeholt und ein Diener schleppte ihn gleich die Treppe hinunter. Er fühlte die frische Luft und sah die blühenden Blumen.

„Nun werde ich leben!“, jubelte der Baum und streckte seine Zweige aus, aber ach, sie waren alle vertrocknet und gelb. Der Stern von Goldpapier saß noch oben an der Spitze und glänzte im hellen Sonnenschein.
Im Hofe selbst spielten einige von den Kindern, die zur Weihnachtszeit den Baum umtanzt hatten. Das Kleinste lief hin und riss den Goldstern ab.
„Sieh, was da noch an dem hässlichen, alten Tannenbaum sitzt!“, sagte es und trat auf die Zweige, sodass sie unter seinen Stiefeln knackten.
„Vorbei! Vorbei!“, dachte der Baum. „Hätte ich mich doch gefreut, als ich es noch konnte. Vorbei!“
Und der Knecht kam und hieb den Baum in kleine Stücke. Ein ganzes Bündel lag da, hell flackerte es auf unter dem großen Braukessel. Und der Baum seufzte tief und jeder Seufzer war einem Schusse gleich. Deshalb liefen die Kinder herbei und setzten sich vor das Feuer, blickten hinein und riefen: „Piff, Piff!“
Aber bei jedem Knall, der ein tiefer Seufzer war, erinnerte sich der Baum an einen Sommertag im Wald oder an eine Winternacht da draußen, wenn die Sterne funkelten; er dachte an den Weihnachtsabend und an Klumpe-Dumpe, das einzige Märchen, das er gehört hatte und zu erzählen wusste, und dann war der Tannenbaum verbrannt.

DIE NACHTIGALL

Es geschah vor langer Zeit, aber es ist wert, die Geschichte zu hören, ehe sie vergessen wird! Damals war das Schloss des Kaisers von China das prächtigste auf der Welt: ganz aus feinstem Porzellan, kostbar, aber kalt.

Im Garten sah man die wunderlichsten Blumen. An die allerwichtigsten waren winzig kleine Silberglöckchen gebunden, welche läuteten, damit man nicht vorbeigehen konnte, ohne die Blumen zu bemerken.

Des Kaisers Garten erstreckte sich so weit, dass selbst der Gärtner das Ende nicht kannte. Ging man noch weiter, so kam man in den herrlichsten Wald mit hohen Bäumen und tiefen Seen. Der Wald ging hinunter bis zum Meer, Schiffe konnten bis unter die Zweige heransegeln. In diesen Zweigen wohnte eine Nachtigall, die so wunderbar sang, dass sogar der arme Fischer, der so viel anderes zu tun hatte, stillhielt und horchte, wenn er des Nachts ausgefahren war und die Nachtigall hörte.

„Ach, wie ist das schön!“, sagte er immer wieder – und vergaß es dann wieder.

Aus allen Ländern der Welt kamen Reisende und bewunderten das Schloss und den Garten. Doch wenn sie die Nachtigall zu hören bekamen, sagten sie alle: „Das ist doch das Beste im ganzen Kaiserreich!“
Die Reisenden erzählten von dem Garten und dem Schloss und Gelehrte schrieben viele Bücher darüber. Aber auch die Nachtigall vergaßen sie nicht: Die wurde am höchsten gelobt und Dichter schrieben die herrlichsten Gedichte über die Nachtigall im Walde bei dem tiefen See.

Der Kaiser saß auf seinem goldenen Thron, las die Bücher und freute sich über die prächtigen Beschreibungen seines Schlosses, seiner Stadt und seines Gartens.
„Aber die Nachtigall ist doch das Allerbeste!“, stand da geschrieben.
„Was ist das?“, rief der Kaiser verwundert. „Diese Nachtigall kenne ich ja gar nicht! Lebt ein solcher Vogel hier in meinem Kaiserreich und sogar in meinem Garten? Davon habe ich nie gehört!“
Und dann ließ er seinen obersten Mandarin kommen.

Der war so vornehm, dass er, wenn jemand Geringeres mit ihm sprechen oder ihn etwas fragen wollte, er nichts weiter erwiderte als: „Ph!" und das hatte nichts zu bedeuten.

„Hier soll ein höchst merkwürdiger Vogel leben, welcher die Nachtigall genannt wird!", sagte der Kaiser. „Man behauptet, sie sei das Allerbeste in meinem großen Reich.

Weshalb hat man mir nie etwas davon gesagt?"

„Ich habe nie von ihr gehört!", antwortete der Mandarin. „Sie ist bei Hofe nie vorgestellt worden!"

„Sie soll heute Abend herkommen und vor mir singen!", befahl der Kaiser. „Die ganze Welt weiß, was ich Wundervolles habe, und ich weiß es nicht!"

„Ich werde sie suchen und ich werde sie finden!", versprach der Mandarin.

Aber wo? Der Mandarin lief alle Treppen auf und nieder, durch Säle und Gänge, aber keiner, den er traf, hatte je von der Nachtigall gehört.

Und der Mandarin lief wieder zum Kaiser und sagte, dass es sicher eine Geschichte von denen sein müsste, die Bücher schrieben. „Ihre Kaiserliche Majestät können gar nicht glauben, was alles geschrieben wird!"

„Aber das Buch, in dem ich es gelesen habe," sagte der Kaiser, „ist mir von dem großmächtigen Kaiser von Japan gesandt worden, also kann es keine Unwahrheit sein. Ich will die Nachtigall hören! Sie muss heute Abend hier sein. Und kommt sie nicht, so soll der ganze Hof auf den Leib getrommelt werden, wenn er Abendbrot gegessen hat!"

„Hilfe!", rief der Mandarin verzweifelt und lief wieder alle Treppen auf und nieder, durch alle Säle und Gänge und der halbe Hof lief mit, denn sie wollten gar nicht gern auf den Leib getrommelt werden.

Sie fragten überall nach der merkwürdigen Nachtigall, welche die ganze Welt kannte, nur niemand am Hofe des Kaisers.

Endlich trafen sie ein kleines, armes Küchenmädchen.

Die sagte: „Ja, die Nachtigall kenne ich gut. Ohhhh … wie kann die singen! Ich habe die Erlaubnis, jeden Abend meiner armen, kranken Mutter ein paar Essensreste nach Hause zu bringen. Sie wohnt unten am Strand. Wenn ich danach zurückgehe, müde bin und im Walde ausruhe, dann höre ich die Nachtigall singen! Es kommen mir dabei Tränen in die Augen, und es ist so, als ob meine Mutter mich küsste!"

„Kleine Köchin!", sagte der Mandarin, „ich werde dir eine feste Anstellung in der Küche verschaffen und die Erlaubnis, den Kaiser speisen zu sehen, wenn du uns zur Nachtigall führen kannst."

Und so zogen sie alle hinaus in den Wald, wo die Nachtigall zu singen pflegte.

Als sie unterwegs waren, fing eine Kuh zu brüllen an.
„Oh!", sagte ein Hofjunker, „Das ist doch eine merkwürdige Kraft in einem so kleinen Tier! Die Nachtigall habe ich sicher schon früher gehört!"
„Nein, das sind Kühe, die brüllen!", lachte die kleine Köchin. „Wir sind noch weit entfernt!"
Nun quakten die Frösche im Sumpfe.
„Herrlich!", schwärmte der chinesische Hofprediger, „Es klingt fast so wie kleine Kirchenglocken."
„Nein, das sind Frösche!", erklärte die kleine Köchin. „Aber ich denke, nun werden wir sie bald hören!"
Da begann die Nachtigall zu singen.
„Das ist sie!", sagte das kleine Mädchen. „Hört! hört! Und schaut, da sitzt sie!" Sie zeigte auf einen kleinen, grauen unscheinbaren Vogel oben in den Zweigen.
„Ist es möglich!", wunderte sich der Mandarin. „So hätte ich sie mir nimmer gedacht! Wie simpel sie aussieht! Sie hat sicher ihre Farbe verloren, weil sie so viele vornehme Menschen um sich erblickt!"

„Kleine Nachtigall!“, rief die kleine Köchin ganz laut. „Unser gnädigster Kaiser wünscht, dass du vor ihm singst!“

„Mit dem größten Vergnügen!“, zwitscherte die Nachtigall und sang dann, dass es eine Freude war.

„Meine vortreffliche, kleine Nachtigall“, rief der Mandarin, „ich habe die große Freude, dich heute Abend zu einem Hoffest einzuladen, wo du unserem großen Kaiser mit deinem Gesang erfreuen sollst.“

„Der klingt hier draußen in der grünen Natur am besten!“, erwiderte die Nachtigall, aber sie kam gerne mit, als sie hörte, wie sehr der Kaiser dies wünschte.

Am Abend war das gesamte Schloss geschmückt. Wände und Fußböden glänzten im Licht vieler Tausend goldender Lampen und die prächtigsten Blumen waren aufgestellt.

In dem großen Thronsaal des Kaisers war ein Stab aufgestellt, auf dem die Nachtigall sitzen sollte. Der ganze Hof war erschienen, und die kleine Köchin hatte die Erlaubnis erhalten, hinter der Tür zu stehen, da sie nun den Titel einer wirklichen Hofköchin bekommen hatte. Alle sahen nach dem kleinen grauen Vogel, dem der Kaiser zunickte.

Und da sang die Nachtigall so herrlich, dass dem Kaiser die Tränen in die Augen traten. Sie liefen ihm über die Wangen hernieder, und da sang die Nachtigall noch schöner.

Der Kaiser wollte gerne, dass die Nachtigall als höchste kaiserliche Auszeichnung seinen goldenen Pantoffel um den Hals tragen solle. Aber die Nachtigall dankte: Sie sei mit den Tränen des Kaisers schon genug belohnt worden. Und darauf sang sie wieder mit ihrer süßen, herrlichen Stimme.

Der Kaiser beschloss, dass die Nachtigall nun am Hofe bleiben, ihren eigenen Käfig haben und dazu zwölf Diener bekommen sollte. Zweimal am Tage durfte sie ausfliegen, wobei ihr ein Seidenband um das Bein geschlungen wurde, das einer ihrer Diener festhielt. Solch ein Ausflug war wahrlich kein Vergnügen.

Die ganze Stadt sprach von nichts anderem mehr als von dem wundervollen Vogel und seinem Gesang. Trafen sich zwei auf der Straße, dann sagte der eine „Nacht-“ und der andere „-gall“, und dann seufzten sie glücklich und verstanden einander ohne Worte.

Eines Tages bekam der Kaiser ein großes Paket aus Japan, auf dem stand geschrieben: „Die Nachtigall.“
„Da haben wir nun ein neues Buch über unsern berühmten Vogel!“, rief der Kaiser vergnügt.
Aber es war kein Buch, sondern ein kleines Kunstwerk. In der Schachtel lag eine künstliche Nachtigall, die der lebendigen gleichen sollte. Sie war mit kostbarsten Diamanten, Rubinen und Saphiren besetzt. Sobald man den Kunstvogel aufzog, sang er ein wunderschönes Lied, fast so schön wie die echte Nachtigall. Dazu bewegte sich der Schweif auf und nieder und glänzte von Silber und Gold.
„Das ist herrlich!“, sagten alle. „Nun sollen sie zusammen singen! Was wird das für ein Duett werden!“
Und so mussten sie zusammen singen.

Aber es wollte nicht recht gelingen, denn die wirkliche Nachtigall sang auf ihre Weise und der Kunstvogel ging auf seinen drehenden Walzen.

„Der Kunstvogel hat keine Schuld“, erklärte der Spielmeister, „der ist taktfest und ganz nach meiner Schule!“

Nun sollte der Kunstvogel allein singen. Er machte ebenso viel Freude wie der Gesang der echten Nachtigall. Dreiunddreißig Mal sang er dasselbe Stück und wurde doch nicht müde. Die Leute hätten ihn gern immer wieder gehört, aber der Kaiser wollte, dass nun auch die lebendige Nachtigall singen solle.

Doch wo war sie? Niemand hatte bemerkt, dass sie aus dem offenen Fenster zu ihren grünen Wäldern zurückgeflogen war.

Und so musste der Kunstvogel wieder singen, und das war das vierunddreißigste Mal, dass man dasselbe Stück zu hören bekam. Es sei wahrlich kunstvoll, erklärte der Spielmeister stolz. Vor allem könne man genau erklären, wie alles funktioniere. Das könne man bei der echten Nachtigall nicht.

Und der kaiserliche Spielmeister schrieb ein Werk von fünfundzwanzig Bänden über den Kunstvogel, das war so gelehrt und so lang, dass alle Leute sagten, sie hätten es gelesen und verstanden, denn sonst wären sie ja dumm gewesen und wären auf den Leib getrommelt worden.

Da befahl der Kaiser, man solle den Kunstvogel dem Volke zeigen und es solle ihn auch singen hören. Und so hörte ihn das Volk und war ganz berauscht.

So ging es ein ganzes Jahr. Der Kaiser, der Hof und alle die andern Chinesen konnten jeden kleinen Ton in des Kunstvogels Gesang auswendig. Aber gerade deshalb gefiel er ihnen jetzt am allerbesten, denn sie konnten selbst mitsingen und das taten sie. Die Straßenbuben sangen: „Zizizi! Kluckkluckkluck!“, und der Kaiser sang es ebenfalls.

Nur der arme Fischer, welcher die wirkliche Nachtigall gehört hatte, sagte: „Es klingt hübsch, die Melodien gleichen sich auch, aber es fehlt etwas, ich kann nicht sagen, was!“

Der Kunstvogel hatte seinen Platz auf einem Seidenkissen dicht bei des Kaisers Bett und all die wertvollen Geschenke und Auszeichnungen, die der Vogel erhalten hatte, waren in einer Vitrine ausgestellt.

Aber eines Abends, als der Kunstvogel sang, und der Kaiser im Bett lag und zuhörte, sagte es inwendig im Vogel „Schwupp“. Da sprang etwas entzwei! „Schnurrrr!“, alle Räder liefen herum, und dann stand die Musik still.

Der Kaiser sprang gleich aus dem Bette und ließ seinen Leibarzt rufen, aber was konnte der helfen!

Dann ließ er den Uhrmacher holen, aber dieser sagte, dass der Vogel sehr geschont werden müsse, denn die Zapfen seien abgenutzt, und es wäre unmöglich, neue so einzusetzen, dass die Musik wieder ertönte.

Das war nun eine große Trauer! Nur einmal im Jahr durfte man den Kunstvogel singen lassen, und das war fast schon zu viel.

Nun waren fünf Jahre vergangen, und das ganze Land geriet in eine große Trauer. Der Kaiser sei krank und könne nicht mehr lange leben, sagte man. Schon war ein neuer Kaiser gewählt, und das Volk stand draußen auf der Straße und fragte den Mandarin, wie es ihrem alten Kaiser ginge.

„Ph!“, sagte der und schüttelte mit dem Kopfe.
Kalt und bleich lag der Kaiser in seinem großen prächtigen Bett. Der ganze Hof hielt ihn für tot, und ein jeder von ihnen lief hinaus, den neuen Kaiser zu begrüßen. Aber der alte Kaiser war noch nicht tot, steif und bleich lag er in dem prächtigen Bett mit den langen Samtgardinen und den schweren Goldquasten. Hoch oben stand ein Fenster auf, und der Mond schien herein auf den Kaiser und den Kunstvogel.
Der arme Kaiser konnte kaum atmen, es war gerade, als ob etwas Schweres auf seiner Brust säße, er schlug die Augen auf, und da sah er, dass es der Tod war, der auf seiner Brust saß und sich seine Krone aufgesetzt hatte.
Und ringsumher aus den Falten der Bettgardinen sahen wunderliche Köpfe hervor: einige ganz hässlich, andere lieblich und mild. Das waren des Kaisers böse und gute Taten, welche ihn anblickten, jetzt, da der Tod ihm auf dem Herzen saß.
„Entsinnst du dich dieses?“, flüsterte einer nach dem andern. „Erinnerst du dich an das?“ Und sie erzählten ihm von den Taten seines Lebens, bis ihm der Schweiß von der Stirne rann.
„Musik! Musik!“, schrie der Kaiser. „Du kleiner herrlicher Goldvogel! Singe doch, singe! Ich habe dir ja Gold und Kostbarkeiten gegeben, ich habe dir selbst meinen goldenen Pantoffel um den Hals gehängt: Singe doch, singe für mich!“
Aber der Vogel stand still, denn es war niemand da, ihn aufzuziehen. Aber der Tod fuhr fort, den Kaiser mit seinen großen, leeren Augen anzustarren und es war so still, so schrecklich still!

Da klang auf einmal vom Fenster her der herrlichste Gesang! Es war die kleine Nachtigall, welche auf einem Zweig draußen saß.
Sie hatte von der Not ihres Kaisers gehört und war gekommen, ihm Trost und Hoffnung zu singen. Und als sie zu singen begann, wurden die Gespenster immer bleicher und bleicher, das Blut kam immer rascher und rascher in des Kaisers schwachen Gliedern in Bewegung, und selbst der Tod horchte auf und sagte: „Sing weiter, kleine Nachtigall! Sing weiter!“
„Ja, dann gibt mir des Kaisers Krone!“, zwitscherte das Vöglein.
Und der Tod tauschte die Krone für ein Lied der Nachtigall.

Sie sang von dem stillen Gottesacker, wo die weißen Rosen wachsen, wo der Flieder duftet, und wo das frische Gras von den Tränen der Lebenden befeuchtet wird. Da bekam der Tod Sehnsucht nach diesem Garten und schwebte wie ein kalter, weißer Nebel aus dem Fenster.

„Dank, hab Dank!“, seufzte der Kaiser. „Du himmlischer kleiner Vogel! Ich kenne dich wohl! Ich habe dich gefangen gehalten ! Und doch hast du die bösen Gesichter von meinem Bette weggesungen, den Tod von meinem Herzen weggeschafft! Wie kann ich es dir lohnen?“

„Du hast mich längst belohnt!“, antwortete die Nachtigall. „Ich habe einst deinen Augen Tränen entlockt, als ich das erste Mal sang: Das vergesse ich nie! Das sind die Juwelen, die ein Sängerherz erfreuen! – Aber schlafe nun und werde wieder stark! Ich werde für dich singen!"

Sie sang – und der Kaiser fiel in einen süßen Schlummer. Mild und wohltuend war der Schlaf!
Die Sonne schien durch die Fenster zu ihm herein, als er gestärkt und gesund erwachte. Keiner von seinen Dienern war zurückgekehrt, denn sie glaubten, er sei tot. Allein die Nachtigall saß noch da und sang.
„Immer musst du bei mir bleiben!", sagte der Kaiser. „Doch singe nur, wenn du es selbst willst, und den nutzlosen Kunstvogel schlage ich in tausend Stücke."
„Tu das nicht!", rief die Nachtigall. „Der hat ja das Gute getan, so lange er konnte! Ich kann im Schloss mein

Nest nicht bauen und wohnen. Aber ich will von selbst kommen und von den Glücklichen in deinem Reiche singen und von denen, die Kummer leiden! Ich werde vom Bösen und vom Guten singen, das rings um dich herum geschieht und dir doch verborgen bleibt! Ich komme und ich singe dir vor! – Aber um eines bitte ich dich! Erzähle niemandem, dass du einen kleinen Vogel hast, der dir das Alles sagt, dann wird es noch viel besser gehen!“ Und so flog die Nachtigall fort.

Die Diener kamen herein, um nach ihrem toten Kaiser zu sehen – ja, da standen sie. Und der Kaiser sagte: „Guten Morgen.“

DER MÄRCHENERZÄHLER HANS CHRISTIAN ANDERSEN

wurde 1805 zu Odensee auf der Insel Fünen geboren. Er lebte von Kind an in einer inneren Welt voller Träume und phantastischer Bilder. Ungern spielte er mit anderen Kindern, lieber ging er in die Spinnstube zu den alten, armen Frauen. Dort konnte er reden, dort galt er als merkwürdig „kluges" Kind, dort hörte er die ersten Märchen.

Die Geschichten der Frauen sowie die aus Holz geschnitzten, kuriosen Figuren, die sein gemütskranker Großvater gearbeitet hatte, verstärkten seine Träumereien.

Draußen in der Natur erlebte Hans Christian Andersen sehr wohl eine „wirkliche Welt". Gerade die Beobachtungen in der Natur, im Jahreslauf, regten Andersen zu seinen schönsten und innigsten Geschichten an.

Und so fing er an, zu erzählen: von seinen Reisen, den Geschichten, die er unterwegs erlebt hatte, den Bildern, die in seinem Inneren entstanden waren.

Die blühenden Apfelbäume, der duftende Holunder und das hässliche junge Entlein wurden eins, wuchsen zu dem, was er „Das Märchen meines Lebens" nannte.

Andersens Märchen erreichen Kinder und Erwachsene gleichermaßen. Der Dichter selbst schreibt: „Die Kinder vergnügt am meisten, was ich die Staffage nennen würde; der Ältere interessiert sich hingegen für die tiefere Idee."

Aus Andersens Autobiografie:
„Das Märchen meines Lebens"
(1847)

Komm mit auf eine märchenhafte Reise um die Welt!

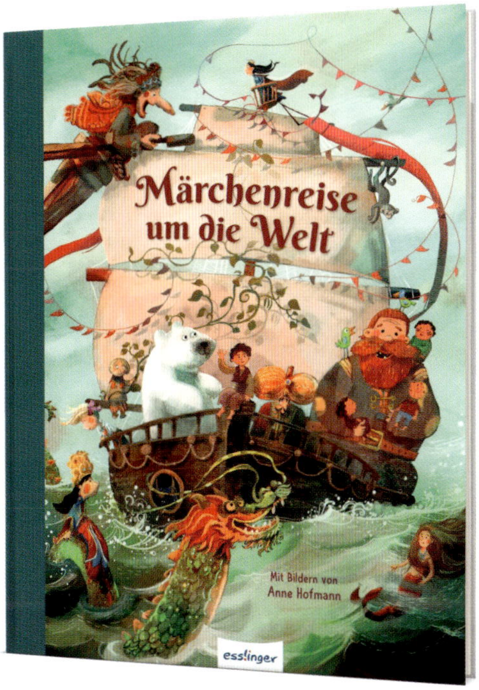

Brüder Grimm,
Hans Christian Andersen

Märchenreise um die Welt

160 Seiten · Gebunden
ISBN 978-3-480-23772-2

Auf der ganzen Welt werden seit jeher Märchen erzählt und geliebt. Diese Sammlung vereint die schönsten Märchen aus verschiedensten Kulturkreisen. So begegnen wir zarten Elfen, wilden Trollen, klugen Eisbären, mutigen Zaren, weisen Kalifen aus 1001 Nacht, schlauen Dschungeltieren und dem mächtigen chinesichen Drachenkönig. Die kindgerechten, leicht verständlichen Texte und die wundervollen Illustrationen der Bilderbuchkünstlerin Anne Hofmann machen dieses Buch zu einem wahren Märchenschatz für Kinder ab 4 Jahren.